153 Käsespätzle

Ursula Paschen

145 Kartoffel / auch

Super Trennkost fürs Büro und unterwegs

Mit über 100 Rezepten für Eilige

WILHELM HEYNE VERLAG
MÜNCHEN

4. Auflage

Copyright © 1997 by Edition Tau & Tau Type Druck Verlag Handel
Copyright © 2000 der Taschenbuchausgabe
by Wilhelm Heyne Verlag, München,
in der Verlagsgruppe Random House GmbH
http://www.heyne.de
Printed in Germany 2007
Umschlaggestaltung: Hauptmann und Kompanie, Werbeagentur, CH-Zug
Umschlagfotos: Stockfood, München, und Food Promotion, München
Satz: Schaber Satz- und Datentechnik, Wels
Druck und Bindung: RMO-Druck, München

ISBN: 978-3-453-15989-1

Inhalt

Vorwort 7

Veränderte Lebens- und Eßgewohnheiten 9

Leben im »Schlaraffenland« 12

Was ist Körperbewußtsein? 14

Normales Körpergewicht 18

Diäten: Auslöser für Eßverhaltensstörungen 21

Genußvoll und gesund genießen 24

Die Haysche Trennkost 28

Die wesentlichen Punkte der Hayschen Trennkost 30

Warum ist die Trennung sinnvoll? 33

Der Säure-Basen-Haushalt 36

Empfehlungen in der Hayschen Trennkost 38

Erläuterungen zu den Empfehlungen 39

Nahrungsmittel 47

Fette 61

Milch und Milchprodukte 66

Getränke 68

Ballaststoffe 71

Selbstbestimmung 75

Praktische Anwendung der Trennkost 78

Essen bei der Arbeit außer Haus 82

Geschäftsessen, Essen im Restaurant 85

Trenntabelle 92

Erläuterungen zu den Mahlzeiten 94

Frühstück 98

Belegte Brote und Brötchen für unterwegs
oder zum Frühstück 113

Hinweis zu den Salaten bzw. der Frischkost 121

Salatsoßen zu allen Gerichten – kombinierbar
und auf Vorrat 123

Salate zur Kohlenhydratmahlzeit 125

Kohlenhydrat-Salate zum Mitnehmen 135

Warme Kohlenhydratgerichte 144

Salate zur Eiweißmahlzeit 159

Eiweiß-Salate zum Mitnehmen 167

Warme Eiweißmahlzeiten 172

Zwischenmahlzeiten 185

Zusammenfassung 186

Erläuterungen 188

Rezeptverzeichnis nach Sachgruppen 190

Gesamtregister 191

Trenntabelle zum Herausnehmen

Abkürzungen und Erklärungen:

EL = Eßlöffel
KL = Kaffeelöffel
TL = $^1/_2$ KL oder 4–5 Tropfen
l   = Liter
ml = Milliliter ($^1/_{1000}$ l = 1 g)
g   = Gramm
Msp = Messerspitze

F. i. T. = Fett in der Trockenmasse (bei Käse)

Vorwort

Immer wieder stelle ich bei meinen Seminaren und Vorträgen erfreut fest, wie rege das Interesse an einer gesunden Ernährungsform ist. Bei der Frage: Kennt jemand von Ihnen die Trennkost? kommen viele bejahende Zustimmungen. Deutlich weniger Zustimmungen kommen bei der Frage: Wer von Ihnen lebt danach? Der Grund, warum viele etwas über Trennkost wissen, aber diese Ernährungsweise, obwohl sie dies gerne möchten, nicht praktizieren, ist immer der gleiche. Diese Ernährungsweise erscheint mir in meinem hektischen Alltag zu kompliziert. Ich bin berufstätig. Ich habe keine Zeit. Außerdem weiß ich nicht, wie ich bei all den vielen Verpflichtungen, den privaten und geschäftlichen Einladungen zum Essen, diese Ernährung in meinen Alltag integrieren soll. Diese Aussagen kommen nicht nur von Berufstätigen, nein, auch von Menschen, die nicht berufstätig sind. Alle verbindet eines: »keine Zeit«.

Da es sich bei den Vorträgen um regionale Veranstaltungen handelt und die meisten Zuhörer sich untereinander, wenigstens vom Sehen kennen, lasse ich jene, die nach der Trennkost leben, zu Wort kommen.

Diese berichten meist ähnliches, wie ich es selbst vor über zehn Jahren erleben durfte. Ich fühle mich heute körperlich, geistig und seelisch frischer als jemals zuvor. Ich habe, ohne zu hungern und ohne daß ich mich dabei müde oder erschöpft fühlte, in drei Monaten zehn bis zwölf Kilogramm an Körpergewicht verloren. Dieses Gewicht habe ich seit dieser Zeit gehalten. Ich kann ohne Reue an den Freuden des Lebens, wie z. B. an Festen, Feiern, Urlaub teilnehmen. Die Zeit, die ich in die Ernährungsumstellung in den ersten zwei bis drei Wochen investiert habe, wurde mir in der Zwischenzeit mehrfach zurückgegeben. Mit dieser Ernährungsweise kann ich den Anforderungen, die im Berufs- wie im Privatleben immer höher werden, viel gelassener begegnen und souveräner gerecht werden. Ich führe dies zum Teil darauf zurück, daß gesundheitliche Unpäßlichkeiten, mitunter auch Erkrankungen, die mich früher einen Teil meiner kostbaren Lebenszeit und Energie kosteten, verschwunden sind, wodurch mir heute für lebensbejahende, positive Dinge mehr Zeit zur Verfügung steht. Ich fühle mich einfach vitaler und fröhlicher als je zuvor.

Im Anschluß daran stelle ich die Trennkost vor und zeige an Hand von Beispielen, wie rational diese in den Alltag zu integrieren ist.

Spätestens dann kommt von den Zuhörern die Bitte, ich solle ein Buch über die **schnelle Trennkost** schreiben. Sie hätten gerne die Möglichkeit, die Tips und Tricks, die ich Ihnen vorgestellt habe, nachlesen zu können.

Hier möchte ich dieser Bitte entsprechen und mich gleichzeitig bei allen SeminarteilnehmerInnen und ZuhörerInnen bedanken, die mit ihren individuellen Bedürfnissen und Fragen viel dazu beigetragen haben, daß dieses Buch, so wie es jetzt vorliegt, entstanden ist.

Ich wünsche Ihnen, meinen Lesern und Leserinnen, daß Sie nicht nur dieses Buch lesen, sondern daß Sie die Energie aufbringen, die Haysche-Trennkost anzuwenden und dadurch mehr Vitalität in Ihrem Leben genießen dürfen.

Herzlichst

Ursula Paschen

Veränderte Lebens- und Eßgewohnheiten

Seit dem Beginn der Menschheitsgeschichte sind die Lebens- und Eßgewohnheiten einer ständigen Veränderung unterworfen.

In den letzten 40–50 Jahren ist diese Entwicklung geradezu rasant verlaufen.

Früher lebten die Familien meist mit mehreren Generationen unter einem Dach. Nichtverheiratete lebten nicht wie heute als Singles, sondern sie lebten mit in der Großfamilie. Single-Haushalte, Klein- und Kleinstfamilien waren unbekannt. Die wenigsten Frauen waren außer Haus berufstätig. Sie waren für Haus und Kinder zuständig. Hier hatten sie alle Hände voll zu tun. Erleichterungen im Haushalt, wie wir sie heute kennen, z. B. Zentralheizung, Elektroherd, Mikrowelle, Küchen- und Waschmaschine gab es nicht. Ebensowenig bestand die Möglichkeit, im Supermarkt die Nahrungsmittel für die Familie oder gar Fertiggerichte einzukaufen. Die Mahlzeiten, d. h. die Gerichte, wurden eigenhändig zubereitet. Obst, Gemüse, Salat und andere Nahrungsmittel wurden überwiegend selbst angebaut. Im Gegensatz zu heute war der Gemüsegarten eine selbstverständliche Notwendigkeit. Ab dem Frühjahr bis zum Herbst gab es frischen Salat, Gemüse und Obst. Während der Erntezeit wurde ein Teil von Obst und Gemüse durch Sterilisation und Milchsäuregärung, z. B. Sauerkraut, haltbar gemacht. Des weiteren wurden u. a. Äpfel und Möhren für die Nahrungsversorgung im Winterhalbjahr eingelagert. Durch die Tierhaltung war der Milch-, Eier- und Fleischbedarf für die Familie gewährleistet. Fleisch gab es im Alltag so gut wie gar nicht. Lediglich an Sonn- und Feiertagen kamen Fleischgerichte in kleineren Portionen, als dies heute üblich ist, auf den Tisch.

Die Männer waren meist außer Haus tätig, um für den Lebensunterhalt ihrer Familien zu sorgen.

Da auch zum Beginn der Industrialisierung Werkskantinen eher die Ausnahme waren, nahmen die Männer ihr Vesper zur Arbeit mit. Kiosk, Imbißbuden, Fast-food-Ketten, wie sie heute vor jedem Betrieb vorzufinden sind, gab es nicht. Es war selbstverständlich, daß nach getaner Arbeit zu Hause gemeinsam die warme Mahlzeit eingenommen wurde.

Da das Leben körperlich anstrengender und damit energieaufwendiger als heute war, wurde meist auch fettreich gekocht.

Es ist allzu menschlich, daß wir uns gerne an die Festtage bei den Großeltern erinnern und dadurch geneigt sind, deren Koch- und Eßgewohnheiten zu übernehmen. Wenn wir dies tun, sollten wir unbedingt berücksichtigen, daß es sich hierbei nicht um Alltagskost, sondern um Festtagsessen handelte.

Berücksichtigen wir ferner, daß wir uns im Gegensatz zu den früheren Generationen immer weniger körperlich betätigen, dann müssen wir unbedingt die Fettportionen reduzieren, da für viele die körperliche Betätigung überwiegend nur noch darin besteht, das Gaspedal oder die Fernbedienungen zu betätigen.

Mit der Alltagsernährung unserer Vorfahren, unter Berücksichtigung des eingeschränkten Fettverzehrs, würden wir uns wie diese mit einer überwiegend pflanzlichen Trennkost ernähren.

Mit dieser Ernährung hätten wir die Chance, stoffwechselbedingte Erkrankungen stark zu reduzieren.

Einige von Ihnen werden nun denken, so schlimm kann es mit dem heutigen Gesundheitszustand der Bevölkerung nicht sein, denn schließlich und endlich ist heute die allgemeine Lebenserwartung deutlich höher als sie jemals zuvor war.

Ja, das ist richtig. Aber schauen wir einmal genau hin, warum dies so ist. Durch die moderne Medizin mit ihren Diagnostik-

und Therapiemöglichkeiten können wir heute erfreulicherweise viele Krankheiten erfolgreich behandeln, die früher unweigerlich zum Tode führten. Die Menschen in den Industrieländern sterben heute nicht mehr an Seuchen oder Infektionskrankheiten. Dagegen leiden heute immer mehr, vor allem Jüngere, ja selbst Kinder und Jugendliche, an stoffwechselbedingten Erkrankungen. Besonders tragisch finde ich diese Entwicklung im Hinblick darauf, daß dieses Leid, um nicht zu sagen dieses Elend, vermeidbar wäre.

Die Antwort darauf: eine ausgewogene, gesunde Lebens- und Ernährungsweise.

Leben im »Schlaraffenland«

Schauen wir uns die Vorteile an, die wir im Gegensatz zu unseren Vorfahren haben. Noch nie waren die Regale in den Nahrungsmittelgeschäften so prall gefüllt wie in den letzten Jahren. Noch nie war das Angebot so vielfältig wie heute. Dies müßte eigentlich Grund zum Jubeln sein. Niemand muß bei uns hungern! Was für Generationen vor uns ein Traum gewesen wäre, ist für viele von uns ein Alptraum.

Wie Hunger sich anfühlt, wissen die meisten von uns nicht. Wann haben Sie zum letztenmal »Hunger« über längere Zeit verspürt? War es wirklich Hunger, oder eher Appetit?

Bei der geringsten Regung von Appetit wird meist sofort gegessen.

Das Warten und damit die Freude auf eine Mahlzeit ist vielen von uns unbekannt.

Sicher, im Schlaraffenland ist es schwer, all den Versuchungen zu widerstehen. Werden wir doch auf Schritt und Tritt zum Essen motiviert. Zum einen geschieht dies durch die Werbung, und hier vor allem im Fernsehen. Zum anderen durch die Tatsache, daß wir in unseren Städten kaum von einer Straßenecke zur nächsten gehen können, ohne daß uns nicht unentwegt Speisen angeboten werden. Wen wundert es da, daß eine Vielzahl von Menschen uns kauend und mampfend entgegenkommt.

Es könnte der Eindruck entstehen, daß wir, wenn wir länger als eine Stunde nichts gegessen haben, dem Hungertode nahe sind. Besuchen wir ein Fest, z. B. Straßenfest, Kirmes, Flohmarkt, Weihnachtsmarkt: Was steht im Vordergrund: Essen und Trinken.

Bei den Getränken handelt es sich meist um Alkohol.

Die Speisen sind überwiegend von miserabler Qualität, zuckersüß oder fetttriefend.

Die immer mehr ausufernden Körperfiguren sprechen eine deutliche Sprache.

Es ist ja wunderbar, daß wir nicht im Mangel leben müssen.

Sehen wir die Vorteile des »Schlaraffenlandes«. Freuen wir uns darüber, daß wir jederzeit über alle erdenklichen Nahrungsmittel verfügen können.

Um diesen Vorteil wirklich genießen zu können, müssen wir jedoch lernen, nicht immer der gefühlsmäßigen Regung von »Habenwollen« nachzugeben.

Das heißt nicht, daß wir uns nichts gönnen sollen.

Ganz im Gegenteil.

Setzen Sie Prioritäten!

Machen Sie einen Sport daraus, erstellen Sie sich einen Speiseplan. Überlegen Sie, was Sie gerne essen, planen Sie diese Gerichte ein. Dann haben Sie immer einen Grund zur Freude. Mit diesem Gefühl werden Sie kaum noch im Gehen oder Stehen minderwertige Kost zu sich nehmen wollen.

Im Schlaraffenland zu leben heißt auch, maßvoll und gezielt mit dem Überfluß umzugehen.

Was ist Körperbewußtsein?

Bei dieser Frage erhalte ich im Prinzip immer wieder die gleiche Antwort: Wenn ich mich in meinem Körper wohl fühle, wenn ich mich liebe, wenn ich mich in meiner Haut wohl fühle.

Meine Frage an Sie: Fühlen Sie sich in Ihrer Haut wohl? Lieben Sie sich? Fühlen Sie sich in Ihrem Körper wohl? Ja?

Dann gratuliere ich Ihnen.

Laut einer Umfrage gehören Sie zu einer Minderheit. Die Mehrzahl der Menschen fühlt sich angeblich nicht wohl in ihrer Haut. Wenn Sie nun denken, daß diese Aussage ausschließlich die Übergewichtigen betrifft, muß ich Sie enttäuschen. Um es unkonventionell auszudrücken, die Unzufriedenheit mit dem eigenen Körper geht durch alle Gewichtsklassen. Es trifft Übergewichtige, Untergewichtige, aber ebenso Normalgewichtige und selbst Schlanke.

Auf die Frage: Warum fühlen Sie sich in Ihrem Körper nicht wohl?, erhalte ich im wesentlichen fast immer die gleichen Antworten: Die Medien, mein Partner, meine Freundin, die Umwelt sind schuld. Die Reihe ließe sich noch beliebig verlängern, wer alles daran schuld hat, daß ich mich nicht in meinem Körper wohl fühle.

Schauen wir uns die Medien an. In der Tat, es werden uns immer schlankere Models vorgeführt. Zum Teil sind es Kinder und Jugendliche, 13–16jährige, die uns vorführen, was »Frau« in dieser Saison trägt. Kein Wunder, daß wir mitunter der Werbung auf den Leim gehen. Um diesem so gut wie nicht erreichbaren Ziel wenigstens nahezukommen, beginnen wir mit der Kasteiung unseres Körpers und unserer Seele.

Wir fühlen uns in Kürze nicht mehr wohl in unserer Haut.
Hier sollten wir uns darüber klar werden, daß die Werbung
nicht den Auftrag hat, mit der Realität zu arbeiten.
Sie soll Illusionen, Träume wecken.
Mit diesem Bewußtsein stellt sich die Frage, wollen Sie ihr
Leben in der Realität genießen oder wollen Sie einem
Traum oder einem Alptraum hinterherlaufen?
Die Kritik über Ihr Aussehen vom Partner, von der Freun-
din, von der Umwelt, ob berechtigt oder unberechtigt, wird
Ihnen nicht weiterhelfen.
Sollten Sie trotzdem versuchen, z. B. Ihrem Partner zuliebe
abzunehmen, wird der Erfolg nur von kurzer Dauer sein.
Ihr Kopf sagt Ihnen: Tue es. Da es nicht *Ihre* Entscheidung
ist, wird Ihnen Ihr Unterbewußtsein einen Strich durch die
Rechnung machen. Sie werden sehr viel Energie in die Veränderung investieren und doch keinen dauerhaften Erfolg erreichen. Der vorprogrammierte Mißerfolg führt lediglich zu Frust, Selbstzweifel und einem negativen Körperbewußtsein.

Eine erfolgreiche und damit dauerhafte Veränderung ist nur
möglich, wenn *Sie* diese Veränderung wollen.
Hier ein Spiel, das Ihnen dabei hilft herauszufinden, ob *Sie
selbst* wirklich etwas verändern wollen.
Stellen Sie sich *allein* ohne Kleidung vor den Spiegel.
Schauen Sie sich an. Was gefällt Ihnen an Ihrem Körper und
was nicht? Beantworten Sie sich diese Fragen ganz ehrlich.
Sind Sie mit sich zufrieden, so wie Sie aussehen?
Ja? Dann gibt es auch keinen Grund, warum Sie etwas verändern sollten. Mit dieser Überzeugung werden Sie Kriti-
kern gegenüber selbstbewußt Ihren Standpunkt vertreten.
Da diese Ihre überzeugende Haltung spüren, wird Ihre An-
sicht akzeptiert.
Haben Sie Zweifel an Ihrer Aussage, merkt das der andere
und hakt auch prompt nach. Was dann oft dazu führt, sich
selbst zu verteidigen. Das haben Sie überhaupt nicht nötig.

Mit folgendem Satz habe ich die ewigen Nörgler zum Schweigen gebracht. Vielleicht hilft er auch Ihnen.

»Ich kann mir nicht vorstellen, daß meine Daseinsberechtigung darin bestehen soll, daß ich deinen Vorstellungen entsprechen muß.«

Sind Sie unzufrieden? ja dann sollten Sie sich überlegen, was Sie dagegen tun wollen.

Denn nur, wenn *Sie* etwas verändern möchten und nicht andere wünschen, daß Sie etwas verändern, werden Sie Ihr Ziel erfolgreich erreichen, d. h. dauerhaft.

Falls Sie der Meinung sind, daß Sie dazu Hilfe benötigen, z. B. Sportanleitung, Ernährungsberatung, psychologische Beratung, dann nehmen Sie diese bei entsprechenden Fachleuten in Anspruch. Es sollte Ihnen klar sein, daß Sie dort »Hilfe zur Selbsthilfe« erhalten. Das heißt, man zeigt Ihnen verschiedene Wege, wie Sie ihr Ziel erreichen können. Den Weg zu ihrem Ziel müssen Sie selbst zurücklegen (z. B. welche Übungen Sie zur Stärkung der Muskulatur machen können – die körperliche Aktivität müssen Sie selbst ausführen).

Wir kennen sie alle – Menschen, die unsere Aufmerksamkeit erwecken und schön sind, obwohl diese beim kritischen Hinsehen nicht dem derzeitigen, zeitgeistigen Schönheitsideal von 90–64–90 cm entsprechen.

Was macht diese Menschen schön?

Es handelt sich um Menschen, die in der Mitte ihres Selbst leben. Sie leben mit sich im Einklang. Sie fühlen sich in ihrer Haut wohl. Sie glauben, daß dies 365 Tage im Jahr so ist. Nein, auch sie haben Tage des Zweifels. Sie lassen sich jedoch davon nicht lähmen. Sie besinnen sich rasch immer wieder auf ihre Stärken, aber nicht auf ihre Schwächen.

Ihr Ziel ist Energie und Lebensfreude, nicht ein von anderen geprägtes Selbstbild.

Nehmen auch Sie sich an. Konzentrieren Sie sich auf Ihre Stärken.

Mit der Konzentration auf Ihre Stärken werten Sie Ihr Selbstwertgefühl auf. So motiviert, fällt es Ihnen leicht, Veränderungen in *Ihrem* Leben durchzuführen, die *Sie* für erforderlich halten.

Oder zu bleiben, wie *Sie* sind. So entwickeln Sie ein gesundes/gutes Körperbewußtsein.

Normales Körpergewicht

Immer wieder stellt sich die Frage, was ist ein normales Körpergewicht?
Die einfachste Lösung könnte eine Schablone sein. Eine für Frauen, eine für Männer.

> z. B. Frau – Größe 170 = 60 kg,
> Mann – Größe 180 = 72 kg.

Sie merken schon, das kann gar nicht funktionieren, weil einmal nicht alle Menschen gleich groß sind und zum anderen auch nicht den gleichen Knochen- und Muskelaufbau, d. h. die gleiche genetische Veranlagung haben.
Ganz bewußt wird uns dies, wenn wir uns zudem die verschiedenen Menschenrassen auf unserem Erdball ansehen. Und diese Vielfältigkeit des Aussehens ist ja das, was an uns Menschen so einmalig und damit schön ist.

Um einen Anhaltspunkt zu einem normalen Körpergewicht zu haben, werden immer wieder Empfehlungen aufgestellt, was unter einem normalen Körpergewicht zu verstehen ist. Hierbei werden auch, nach dem jeweiligen wissenschaftlichen Stand, gesundheitliche Aspekte berücksichtigt.

In der Vergangenheit war es der Broca-Index 0 (BI), der uns Auskunft darüber gab, was unter einem normalen Körpergewicht zu verstehen ist.

Körpergröße in cm, minus 100 = Normalgewicht.
Idealgewicht (Wer möchte da nicht dazugehören?)
bei Männern nochmals minus 10 %,
bei Frauen minus 15 %.

Körpergröße 180 cm	Normalgewicht	Idealgewicht
Mann	80 kg	72 kg
Frau	80 kg	68 kg

Derzeit ist der Body-Mass-Index (BMI) angesagt. Die Variationsbreite ist etwas lockerer und toleranter als bisher.

Normalwerte:	leicht übergewichtig	stark übergewichtig
Männer: BMI = 19–25	BMI = bis 30	BMI = über 30
Frauen: BMI = 19–24	BMI = bis 30	BMI = über 30

Zu errechnen wie folgt:

$$\frac{\text{Körgegewicht (in kg)}}{\text{Körpergröße (in m)}^2}$$

z. B. Körpergröße: 180 cm, Körpergewicht: 75 kg

$$\frac{75}{1,8^2} = \frac{75}{3,24} = 23,14 \text{ BMI}$$

Bei einer Körpergröße von 180 cm bewegt sich das Normalgewicht nach BMI:

bei Männern von 62 bis 81 kg,
bei Frauen von 62 bis 78 kg.
Leichtes Übergewicht nach BMI,
bei Männern von 82 kg bis 98 kg,
bei Frauen von 79 kg bis 98 kg.
Als leichtes Übergewicht gilt ein BMI **bis** 30.
Als starkes Übergewicht gilt ein BMI **über** 30.

Bei starkem Übergewicht sollte aus gesundheitlichen Gründen eine Gewichtsreduktion erfolgen. Ich halte nichts von spektakulären, drastischen Gewichtsabnahmen. Die Erfahrung hat gezeigt, daß alle drastischen Maßnahmen immer nur kurzfristig durchführbar sind, und damit ist der Erfolg auch leider nur kurzfristig.

Bei der Ernährungsumstellung erfolgt dieser Prozeß der Gewichtsreduktion langsam und erfolgreich. Es ist vollkommen ausreichend, monatlich zwischen 1–2 kg an Körpergewicht zu reduzieren.

Ich höre schon das Aufbegehren – so wenig?

Seien Sie sich darüber bewußt, daß dies in einem Jahr eine Gewichtsabnahme von 12–24 kg bedeutet. Stellen Sie sich Ihren Körper in einem Jahr mit dieser dauerhaften Gewichtsreduktion einmal vor. Ist das nicht wunderbar. Schluß mit dem Jo-Jo-Effekt!

Dieses Bild vor Ihrem geistigen Auge kann Ihre Motivation sein, endlich mal etwas Sinnvolles für sich selbst zu tun.

Diäten:
Auslöser für Eßverhaltensstörungen

Ursprünglich waren Diäten eine Ernährungsform für Kranke. Diese mußten und müssen auch heute teilweise noch bei bestimmten Erkrankungen eine spezielle, ihrer Krankheit entsprechende Ernährungsform einhalten.

Ist heute die Rede von einer Diät, denkt kaum noch jemand an eine Krankenkost. Jeder denkt sofort an Gewichtsreduktion und Verzicht. Dieser Verzicht hat nur ein Ziel, so rasch wie möglich das Körpergewicht zu reduzieren, um so schnell wie möglich wieder zu der zuvor gelebten und nicht selten heißgeliebten Kostform zurückzukommen. Hier wird auch nicht halt vor Abführmitteln, Appetitzüglern und sonstigen gesundheitsschädigenden Maßnahmen gemacht. Hauptsache, es ist eine rasante Gewichtsreduktion zu erwarten, am liebsten ohne jede Verhaltensänderung. Obwohl in der Zwischenzeit längst bekannt sein müßte, daß Diäten von Anfang an zum Scheitern verurteilt sind, wird ihnen immer noch gefrönt. Erstaunlich ist der Einfallsreichtum, wenn es darum geht, eine neue spektakuläre Diät zu kreieren.

Leider weiß unser Organismus nicht, daß wir Diät halten und ein paar Kilo an Gewicht verlieren wollen. Nein, unser menschlicher Organismus hat leider nicht mit der äußeren technischen Entwicklung unseres Lebens mitgehalten. Wenn ihm reduzierte Nährstoffe zugeführt werden, kennt er nur einen Grund: Hungerzeit. Für ihn bedeutet dies Alarmstufe. Um diese Hungerzeit überleben zu können, verfügt unser Stoffwechselsystem über einen wunderbaren Mechanismus. Er setzt den Hungerstoffwechsel ein. Das heißt, er reduziert seinen Grundumsatz, um weniger Energie als bisher zu verbrauchen. Das Funktionieren des Hungerstoffwechsels war in der Vergangenheit für uns lebensnotwendig, damit wir Hungersnöte überleben konnten.

Bedingt durch diesen einzigartigen wunderbaren Überlebensmechanismus, kehrt sich dieser Vorteil für viele von uns im Nahrungsmittelüberfluß Lebenden zum Nachteil um. Da unser Körper von Diäten nichts versteht, versucht er die verminderte Energiezufuhr zu kompensieren, indem er auf Sparflamme weiterarbeitet.

Dann tritt das ein, was »Diätprofis« bekannt ist. Wir nehmen während der Diät an Körpergewicht ab. Beginnen wir nach der erfolgreichen Diät wieder »normal« zu essen, nehmen wir auch wieder an Körpergewicht zu. Der Körper freut sich, die Notzeit ist vorbei, er kann wieder mit mehr Energie leben. Setzen wir dann beim Erreichen des Ausgangsgewichtes nicht sofort wieder mit einer Diät ein, nehmen wir nicht selten mehr zu, als wir zuvor abgenommen haben. Das Karussell dreht sich, die Diätreise kann von neuem beginnen.

Ein anderer Aspekt, der gegen Diäten zur Gewichtsreduzierung spricht, ist darin zu sehen, daß Diät meist gleichbedeutend mit Verzicht ist. Schon bei dem Entschluß: Morgen beginne ich mit meiner Diät, heißt für viele, noch schnell einmal ordentlich zuzuschlagen, bevor es losgeht. Dann kommt die Diät. Ein bis zwei Wochen kasteit man sich. (Es könnten einem die Tränen kommen.)

Am Ende der Diät steht für viele die »Belohnung«. Dies heißt dann: ESSEN. Es wird gegessen, was das Zeug hält. Nicht selten wird sofort alles, was wir glauben entbehrt zu haben, nachgeholt. Wäre normal weitergegessen worden, ohne Diät, wäre insgesamt auch nicht mehr gegessen worden.

Das problematischste an der ganzen Aktion ist die stoffwechselbedingte Katastrophe, die sich bei solchen Ernährungseskapaden in unserem Körper abspielt. Nach ein bis zwei Wochen war die ganze Aktion, wenn wir die Gewichtsreduktion als Maßstab anlegen, umsonst.

Diese Qualen des Verzichts, dieser Frust des Mißerfolges, diese sich immer schneller drehende Spirale von Körpergewicht rauf und runter führt nicht selten zu einem gestörten Körperbewußtsein und damit zu seelischen Schwierigkeiten. Hier liegt meiner Meinung nach der Beginn der heute immer mehr zunehmenden Eßverhaltensstörungen.

Essen kann nicht mehr als Freude, als Lust empfunden werden. Essen wird überbewertet. Oft stellt es das zentrale Thema des Daseins dar und wird zum Streßfaktor. Was sich sowohl in Über- als auch in Untergewicht zeigen kann. Bei der Eßsucht haben wir im Gegensatz zu anderen Suchtverhalten einen erheblich schwierigeren Faktor. Bei allen anderen Suchtarten wissen wir, wenn wir davon freikommen wollen, müssen wir den endgültigen Verzicht wollen und auch durchführen.

Anders bei der Eßsucht. Wir können das Essen nicht einstellen. Nie mehr essen – das geht nicht.

Mit der Eßverhaltensstörung geht der Verlust an Lebensfreude einher.

Deshalb sollten wir lernen, unser Eßverhalten zu kultivieren und damit zu normalisieren.

Genußvoll und gesund genießen

Um dies umzusetzen, müssen Sie sich erst einmal genau Ihren Tagesablauf ansehen. Streßfaktoren müssen erkannt und weitgehend beseitigt werden.

Zudem lösen Sie sich von dem Diät- bzw. Essens- und Nichtessensstreß.

Machen Sie sich frei von der Vorstellung: »Wenn ich diese fünf oder zehn Kilogramm an Körpergewicht abgenommen habe, dann verändert sich mein Leben, dann wird alles leichter.« Wie lange haben Sie das schon vor, und was ist in all der Zeit wirklich geschehen?

Diese Methode ist sinnlos. Hören Sie auf, Jahre Ihres Lebens damit zu verbringen, was wäre – wenn. Seien Sie mutig, packen Sie Ihr Leben an! Verändern Sie Ihre Strategie!

Verbannen Sie zuerst einmal Ihre Waage. Immer wieder erlebe ich in meinen Seminaren, daß, solange die Waage der zentrale Punkt des Lebens ist, sich für meine Teilnehmer nichts ändert. Also weg damit. Ein Streßfaktor weniger. Ob Sie zu- oder abnehmen – für diese Kontrolle benötigen Sie keine Waage. Am Hosen- bzw. Rockbund ist dies leichter feststellbar. Wenn Sie doch nicht ganz auf das Wiegen verzichten möchten, dann können Sie sich einmal im Monat in einer Apotheke wiegen.

Machen Sie eine Liste mit Nahrungsmitteln, die Sie gerne essen. Eine zweite Liste mit Lieblingsgerichten.

Dann kennzeichnen Sie mit einem Marker jeweils jene Nahrungsmittel bzw. Gerichte, die Sie gerne essen, sich jedoch im »Dauerstreßessen« nicht mehr gönnen.

Jene Nahrungsmittel, die Sie sich ohnehin immer gegönnt haben, wenn auch mit schlechtem Gewissen, können sie erst einmal streichen.

Jetzt machen Sie sich einen Wochenplan und tragen Sie ganz gezielt diese Gerichte in Ihre Aufstellung ein. Täglich einmal ein Lieblingsgericht oder ein Lieblingsnahrungsmittel. Am besten, Sie kaufen jeden Tag gezielt die Nahrungsmittel ein, die Sie für das jeweilige Gericht benötigen, und nicht mehr. Schon beim Schreiben des Einkaufplans werden Sie feststellen, wie gut Sie sich fühlen. Es ist entscheidend, daß wir täglich etwas haben, worauf wir uns freuen. Ich weiß, einige von Ihnen werden jetzt sagen, diese Zeit habe ich nicht. Dann nehmen Sie sich die Zeit. Wir haben immer nur jene Zeit, die wir uns selbst zugestehen. Wenn Sie sich schon mit der Esserei bisher seelischen Streß machten, dann wird es höchste Zeit, daß sie sich in den Genuß des Genießens bringen. Nur so haben Sie eine Chance, aus diesem Teufelskreis der Selbstverachtung und Selbsterniedrigung herauszukommen. Nicht die Nahrungsmittel machen Sie krank, sondern die Art und Weise, wie Sie damit umgehen. Ein Stück Kuchen wird Sie nicht noch dicker und unglücklicher machen, sondern die Art, wie Sie es bewerten. Wenn Sie Ihr Eßverhalten ändern wollen, erreichen Sie das nur durch Ihre Einstellung zum Essen und Ihre positive Haltung hierzu.

Wie schön ist es, daß wir in einer Zeit leben, in der uns alle Nahrungsmittel in Hülle und Fülle jederzeit zur Verfügung stehen und wir sie genießen können.

Bei den meisten Eßgestreßten kann von Genuß keine Rede mehr sein. Es wird in Unmengen hineingeschaufelt.

Bereiten Sie sich einmal am Tag Ihr Lieblingsgericht zu. Nehmen Sie sich Zeit dazu. Decken Sie auch für sich alleine den Tisch mit Kerzen, Blumen und allem, was Ihnen gefällt, hören Sie Ihre Lieblingsmusik.

Der Fernseher und die Zeitungen haben Pause.

Jetzt genießen Sie Ihr »Festmahl« Bissen für Bissen.

Nicht heißhungrig herunterschlingen. Sie wissen jetzt, wir leben im »Schlaraffenland«. Hier verhungert niemand. Es nimmt uns auch keiner unser Essen weg. Es ist unsere Mahlzeit.

Genießen Sie und **kauen** Sie.

Spüren Sie in sich hinein. Wie fühlen Sie sich?

Toll, einfach wunderbar.

Das können Sie sich jetzt jeden Tag gönnen. Seien Sie gut zu sich, lieben Sie sich, verwöhnen Sie sich. Wer soll es denn tun, wenn Sie es nicht selber tun? Wie wollen Sie schön sein, Ausstrahlung haben, wenn Sie sich nicht selber lieben und in Ihrer Mitte leben. Diese Freude, die Sie in ihrem Inneren empfinden, die strahlt nach außen, und ohne daß Sie etwas dazutun, geben Sie diese Freude an andere weiter.

Auf diese Weise stärken Sie Ihr Selbstwertgefühl, und ich garantiere Ihnen, so nehmen Sie langsam, aber sicher an Körpergewicht ab.

So voller Lebensfreude macht es Ihnen Spaß, wieder unter Menschen zu gehen, unbefangen und frei auf andere zuzugehen. Ihr Lächeln und Lachen werden ansteckend sein.

Das ist Lebensfreude.

Viele von uns glauben immer noch, daß etwas geschehen muß. Daß andere etwas für uns tun müssen, damit es uns gut geht, damit wir glücklich sind. Gottlob ist dies nicht so. Sonst müßten wir vielleicht bis an das Ende unserer Tage warten, und es geschieht nichts. In jedem einzelnen von uns steckt **das Lebensglück.** Wir müssen nur aufhören, darauf zu warten, daß etwas passiert, damit wir endlich die lästigen Kilos verlieren und andere uns gern haben. Nein. Wir müssen, und ich sage es bewußt, jeder einzelne **muß** zuerst etwas für sich tun. Es kann sein, daß Ihnen die Übung unglaublich erscheint. Probieren Sie es einfach aus. Was haben Sie schon zu verlieren? Mit jedem Mal, wenn Sie etwas für sich tun, fühlen Sie sich auch wohler. Genießen Sie es.

Nachdem Sie sich ein bis zwei Wochen Ihren Lieblingsspeisen hingegeben haben, sind Sie sicherlich zum zweiten Schritt bereit: Ihre Ernährungsweise auf eine gesunde, genußvolle Art

umzustellen. Die schönste Form der Ernährung ist für mich –
seit über zehn Jahren – die Haysche Trennkost. Mit dieser
Ernährungsweise ist es mir gelungen, meiner eigenen Eßverhaltensstörung zu entfliehen, wieder Freude am Essen zu
finden.

Wenn Sie dauerhaften Erfolg haben möchten, und ich hoffe,
es ist mir gelungen, Sie davon zu überzeugen, dann sollten
Sie Ihre Ernährungsweise umstellen. Um dann ein für alle-
mal Ruhe mit dem Eßstreß zu haben. Die dadurch gewonne-
nen Energien können Sie dann sinnvoller und ergiebiger einsetzen.

Nachfolgend möchte ich Ihnen die Haysche Trennkost vorstellen und Ihnen erklären, was die wesentlichen Punkte dieser Ernährung sind.

Die Haysche Trennkost

Es ist erstaunlich und erfreulich zugleich, wie lange es schon die Haysche Trennkost gibt. Zu verdanken haben wir diese wunderbare Ernährungsweise dem amerikanischen Arzt Dr. Howard Hay. Er erkrankte, etwa im Jahre 1910, an einem Schrumpfnierenleiden. Damals galt diese Erkrankung als unheilbar. Glücklicherweise ließ er sich von dieser Diagnose nicht entmutigen. Er begann, was bei Medizinern nicht selten geschieht, wenn sie selbst erkranken, mit »Eigenexperimenten«. Zuvor informierte er sich über die Lebens- und Ernährungsgewohnheiten unserer Vorfahren. Dabei stellte er fest, daß diese selten und, wenn überhaupt, dann nur kleine Portionen von tierischem Eiweiß zu sich nahmen. Auf Grund ihrer Armut ernährte sich die breite Bevölkerungsschicht fast ausschließlich von dem, was sie selbst anbaute, Getreide, Gemüse, Salat und Obst. Ihr Reichtum, war ihre Gesundheit. Stoffwechselbedingte Erkrankungen, wie z. B. Diabetes, Gicht, Rheuma u. a. waren kaum bekannt. Durch diese Erkenntnis bestärkt, stellte Dr. Hay seine Ernährungsweise um. Er ernährte sich überwiegend von Gemüse, Salat und Obst, aß wenig Kohlenhydrate und noch weniger tierisches Eiweiß. Zum Erstaunen seiner Kollegen und zu seiner eigenen Freude wurde er wieder gesund. Es war für ihn fortan selbstverständlich, diese Ernährung beizubehalten. Logisch, daß er als Mediziner seinen Patienten überzeugend diese Art der Ernährung vermitteln konnte.

Im Schneeballsystem eroberte seine Ernährungsweise in nunmehr über 80 Jahren den gesamten Erdball.

Gegner der Trennkost werden nicht müde, sie als Modetrend zu bezeichnen.

Kennen Sie einen Modetrend, der über 80 Jahre angehalten hat und bei dem kein Ende abzusehen ist?

Es ist eben so: Was wirklich gut ist, hat dauerhaften Bestand und überlebt alle »Trends«.
Wer einmal die Vorzüge der Hayschen Trennkost am eigenen Leib verspürt hat, ist davon überzeugt.

Die einfache Erklärung dazu: Entscheidend ist der Erfolg und weniger die wissenschaftliche Analyse.

Die wesentlichen Punkte
der Hayschen Trennkost

Auf Grund der persönlichen Erfahrung von Dr. Hay und der Erfahrung mit seinen Patienten, kam er zu dem Schluß, daß, wenn wir uns müde und abgeschlagen fühlen, an der *»großen Müdigkeit«* leiden, vor allem vier Punkte an unserer Ernährungsweise dafür verantwortlich sind. Diese sollten wir unbedingt vermeiden.

1. Die Verwendung von unnatürlichen Lebensmitteln.
2. Ein Zuviel an Kohlenhydraten und Eiweiß.
3. Die falsche Zusammensetzung unserer Nahrungsmittel innerhalb einer Mahlzeit.
4. Eine verzögerte Verdauung.

Zur Verwendung von unnatürlichen Nahrungsmitteln:

Zu den unnatürlichen Nahrungsmitteln zählte Dr. Hay all jene, die stark be- und verarbeitet wurden, d. h. alle raffinierten und sterilisierten Nahrungsmittel, wie z. B. Auszugsmehl, isolierter Zucker, erhitzte und gesüßte Säfte.

Geht es Ihnen auch so wie mir, daß Sie denken, so schlimm kann das zum Beginn des Jahrhunderts selbst in Amerika nicht gewesen sein. Heute, ja heute, was würde Dr. Hay da sagen, bei all den gen- und mit künstlichen Zusatzstoffen manipulierten sowie hormon- und antibiotikaverseuchten Nahrungsmitteln?

Ich glaube, er wäre schlechtweg entsetzt darüber, wie wir uns täglich selbst vergiften.

Zum Thema ZUVIEL Eiweiß und Kohlenhydrate:

Dr. Hay war der Meinung, daß wir zuviel (heute sicher noch wesentlich mehr als seinerzeit) tierisches Eiweiß und zu viele Kohlenhydrate zu uns nehmen. Ob wir uns frisch und lebensfroh fühlen, hängt seiner Meinung nach in erster Linie von einem ausgeglichenen Säure-Basen-Haushalt ab. Um diesen zu erlangen und zu erhalten, ist es erforderlich, daß unsere tägliche Ernährung zu 70–80 % aus Basenbildnern besteht. Basenbildner sind vor allem Obst, Gemüse und Salat. Die Hälfte dieser Nahrungsmittel sollte roh gegessen werden. Die andere Hälfte kann gedünstet werden, so daß das Gemüse noch »Biß« hat. Lediglich Kartoffeln, grüne Bohnen und Auberginen müssen vollkommen gegart sein, da diese im halbrohen Zustand für uns nicht bekömmlich sind.
Bei dieser Art der Ernährung verbleiben täglich noch
10–15 % für Kohlenhydrate und
10–15 % für tierisches Eiweiß.
Ernähren Sie sich tierisch eiweißfrei, so stehen Ihnen 20–30 % für Kohlenhydrate zur Verfügung.

Halten Sie hier für einen Moment mit dem Lesen inne.
Denken Sie darüber nach, in welchem Verhältnis Sie sich täglich ernähren?
Wird Ihnen etwas klar?

Die falsche Zusammensetzung der Nahrungsmittel:

Nach Dr. Hay widerspricht es der Chemie unseres Körpers, wenn wir Kohlenhydrate und Eiweiß innerhalb einer Mahlzeit mischen. Viele Nahrungsmittel enthalten sowohl Eiweiß als auch Kohlenhydrate, so daß eine 100%ige Trennung nicht möglich ist. Dies ist auch nicht erforderlich. Denn mit der groben Trennung der Kohlenhydrate von den Eiweißen innerhalb einer Mahlzeit verhindern wir, daß es zur verzögerten und unvollständigen Verdauung der Nährstoffe kommt.

Zur verzögerten Verdauung:

Wenn wir mit unserer täglichen Ernährung überwiegend unnatürliche Nahrungsmittel, kaum Obst, Gemüse, Salat und Vollkornprodukte zu uns nehmen, fehlen unserem Organismus u. a. die Ballaststoffe. Durch eine ballaststoffarme Ernährung kommt es zur verzögerten Verdauung. Das bedeutet, daß der Speisebrei viel zu lange im Darm liegt. Es kommt zur stark verzögerten Stuhlentleerung und zum Blähbauch. Mit der Trennkost dauert es bis zur Stuhlentleerung ca. 24 Stunden. Mit der weit verbreiteten üblichen Mischkost kann dieser Prozeß bis zu 72 Stunden dauern. Nicht selten geschieht es, daß dann Abführmittel als selbstverständliche Lösung des Problems zum Einsatz kommen.

Durch die Einnahme von Abführmitteln werden jedoch vermehrt Feuchtigkeit und Mineralien aus dem Körper ausgeschieden, was zur Schädigung eines gesunden Darmmilieus führt. Unser gesundheitliches Schicksal und damit unser Wohlbefinden entscheidet sich jedoch in einem gesunden Darmmilieu. Deshalb sollten wir darauf achten, daß wir mit unserer täglichen Ernährung der verzögerten Verdauung und der Stuhlentleerung entgegenwirken.

Warum ist die Trennung sinnvoll?

Um diese Frage zu beantworten, müssen wir uns die Verdauung von Eiweißen und Kohlenhydraten genauer ansehen.

Um eine möglichst gründliche Verdauung unserer Nahrung zu erreichen, ist es erforderlich, daß wir, *egal* was wir essen, *unbedingt* 20–30mal je Bissen kauen. Denn schon ein altes Sprichwort bringt die Weisheit an den Tag, die immer noch Gültigkeit hat:

»Gut gekaut, ist halb verdaut.«

Zur *Eiweißverdauung* benötigen wir ein saures Milieu. Diese beginnt im Magen. Hier wird durch die Magensäure der eiweißhaltige Speisebrei denaturiert. Diesen Vorgang können Sie sich so vorstellen: Sie geben rohes Eiweiß in eine Schale, gießen kochendes Wasser hinzu. Und was passiert? Das Eiweiß flockt aus, d. h., es gerinnt. Derselbe Prozeß läuft ab, wenn eiweißhaltiger Speisebrei in den Magen gelangt. Danach kann das eiweißspaltende Enzym Pepsin die Vorverdauung des Eiweißes vornehmen.

Anschließend gelangt der Speisebrei in den Dünndarmbereich. Hier wird durch die von der Bauchspeicheldrüse und den Darmwandzellen abgesonderten Proteasen der Speisebrei weiterverdaut.

Zur *Kohlenhydratverdauung* benötigen wir ein basisches Milieu. Diese beginnt im Mund, durch das dort vorhandene Enzym Ptyalin. Wenn Sie eine Scheibe Brot intensiv kauen, beginnt dieses süßlich zu schmecken. Die Stärke des Brotes wurde aufgrund des Enzyms Ptyalin in Zucker umgewandelt, der Speisebrei passiert anschließend den Magen, ohne daß dort kohlenhydratverdauende Vorgänge ablaufen. Erst im

Dünndarmbereich wird durch das von der Bauchspeicheldrüse und den Darmwandzellen abgesonderte Enzym Amylase der kohlenhydrathaltige Speisebrei weiterverdaut.

Die Bauchspeicheldrüse ist in der Lage, gleichzeitig eiweiß- und kohlenhydrathaltige Enzyme abzusondern. Das führt bei Gegnern der Trennkost dazu, daß sie sagen, das Trennen sei nicht erforderlich. Unser Körper könnte sowohl eiweißhaltigen als auch kohlenhydrathaltigen Speisebrei gleichzeitig verdauen. Ja, das stimmt. Zum einen haben wir fast nie einen Nahrungsbrei zu verdauen, der ausschließlich, d. h. 100 % eiweißhaltig oder kohlenhydrathaltig ist. Also ist es sehr wichtig, daß unser Körper so funktioniert, wie er dies tut. Für einige Menschen mag es ja durchaus bekömmlich sein, Mischkost zu sich zu nehmen. Für eine Vielzahl von Menschen ist die normale Mischkost, und nicht selten handelt es sich dabei zusätzlich um eine Minderkost, nicht verträglich.

Sie klagen über Müdigkeit, Energieschwäche, Lustlosigkeit, Kopf- und Gliederschmerzen, Sodbrennen, Völlegefühl, Blähungen, Stuhlverstopfung, um nur einige stoffwechselbedingte Unpäßlichkeiten zu nennen. Über Jahre, Jahrzehnte hinweg manifestieren sich solche Unpäßlichkeiten meist zu handfesten Erkrankungen, wie Rheuma, Magen-Darm-Erkrankungen, Durchblutungsstörungen und Gewichtszunahme. Bei einer Gewichtszunahme, d. h. bei Übergewicht allein, kann noch nicht die Rede von einer Erkrankung sein. Nur leider läßt sich heute nicht mehr verleugnen, daß übergewichtige Menschen ein höheres gesundheitliches Risiko tragen als Schlanke.

Ich höre Sie jetzt schon sagen, ach was, ich kenne auch Schlanke, die ernsthaft erkrankt sind. Ja, da stimme ich Ihnen zu. Es ist wie bei den Rauchern – auch Nichtraucher leiden an rauchertypischen Erkrankungen, z. B. Lungenkrebs.

Raucher allerdings *erheblich* öfter als Nichtraucher.

Für eine Mehrzahl von Menschen ist die Trennung der Nahrungsmittel innerhalb einer Mahlzeit bekömmlicher.

In der Zwischenzeit praktizieren weltweit mehrere Millionen Menschen täglich die Trennkost. Immer wieder wird berichtet, daß das Wohlbefinden mit dieser Ernährung deutlich besser ist. Daß Gewichtsprobleme, Sodbrennen, Völlegefühl, Blähungen und andere gesundheitliche Unpäßlichkeiten der Vergangenheit angehören.

Der Säure-Basen-Haushalt

Durch sein eigenes Leiden erkannte Dr. Hay, daß ein ausgeglichener Säure-Basen-Haushalt für das Wohlbefinden und damit für die Gesundheit verantwortlich ist.
Heute wissen wir, wie recht er hatte.

Ein Ausspruch im Volksmund:

»Er/sie ist sauer«

weist darauf hin, daß etwas nicht in Ordnung ist. Schlichtweg – es gibt Ärger. Von Harmonie kann keine Rede sein.
Wenn die Harmonie unseres Körpers gestört ist, erkranken wir. Unser Säure-Basen-Haushalt ist aus dem Gleichgewicht geraten, wir sind sauer.
Hier ein grober Überblick, welche Krankheiten u. a. durch Übersäuerung ausgelöst werden: Arthritis, Bindehautentzündungen, erhöhter und zu niedriger Blutdruck, erhöhte Blutfettwerte, wie z. B. Cholesterinspiegelerhöhung, depressive Verstimmung, Erschöpfungszustände, Magen-, Darmerkrankungen, Hauterkrankungen, Herzinfarkt, Infektionsanfälligkeit, Kopfschmerzen, Pilzerkrankungen, rheumatische Erkrankungen, Rückenbeschwerden, Schlaganfall, Schlafstörungen, Zahnschäden, Zuckererkrankung. Übergewicht ist zwar keine Erkrankung, aber auch hier liegt eine Übersäuerung des Körpers vor. Übergewicht, das sich über Jahre hinweg manifestiert hat, führt zwangsläufig zu Erkrankungen.
Ein ausgeglichener Säure-Basen-Haushalt ist vor allem von dem abhängig, was wir essen und trinken.
Die meisten von uns essen zu wenig Obst, Gemüse, Salat und Vollkornprodukte. Dagegen werden zuviel Fleisch, zuviel Brot und Kuchen, zu viele Süßigkeiten, zu viele Knabbereien und

zuviel durcheinander gegessen. Bei dieser Art der Ernährung nehmen wir meist zuviel Fett, zuviel Zucker und zu große Mengen an minderwertiger Nahrung zu uns. Nicht selten wird noch spät abends, d. h., unmittelbar bevor wir uns zur Bettruhe begeben, gegessen. Um diese Zeit ist unser Stoffwechsel auf Ruhe eingestellt. Die Speisen bleiben unverdaut im Magen liegen. Durch Feuchtigkeit und Wärme kommt es zur Gärung des Speisebreis. Dies führt dann wiederum zur Übersäuerung des Körpers, und wen wundert es, zu einem unruhigen Schlaf.

Bei den Getränken sieht es leider nicht besser aus. Die meisten von uns trinken zu wenig, und wenn sie trinken, leider das Falsche, wie Limonaden, Fruchtsäfte, Bohnenkaffee, Schwarztee und alkoholische Getränke.

Der tägliche Flüssigkeitsbedarf von zwei bis drei Litern sollte jedoch in Form von Mineralwasser, Kräuter- und Früchtetees abgedeckt werden.

Um einen ausgeglichenen Säure-Basen-Haushalt zu erlangen und ihn auch zu erhalten, ist es notwendig, daß wir innerhalb einer Mahlzeit die **konzentrierten Kohlenhydrate von den konzentrierten Eiweißen getrennt verzehren.**

Ein anderer, genauso wesentlicher Punkt besteht in der Tatsache, daß wir uns täglich **von 70 bis 80 % Basenbildnern** ernähren sollten.

Das heißt Obst, Gemüse und Salat, die Hälfte dieser Nahrungsmittel sollten Sie roh essen.

Empfehlungen in der Hayschen Trennkost

- *Trennen der konzentrierten Kohlenhydrate von den konzentrierten Eiweißen innerhalb einer Mahlzeit*

- *Täglich 70–80 % der Nahrung in Form von Obst, Gemüse und Salat essen, die Hälfte roh*

- *Vor jedem Mittag- und Abendessen einen Salat essen*

- *Vollwertig essen*

- *Sich Zeit nehmen zum Essen*

- *20–30mal kauen je Bissen*

- *Insgesamt mäßig essen*

- *Essenspausen von drei bis vier Stunden einhalten, vor allem beim Wechsel von einer Eiweiß- zu einer Kohlenhydratmahlzeit oder umgekehrt*

- *Nicht zum Essen trinken*

- *Täglich zwei bis drei Liter Flüssigkeit trinken*

- *Verzicht auf Bohnenkaffee und Schwarztee*

- *Als Zwischenmahlzeit rohes Gemüse*

- *Keine Mahlzeit ausfallen lassen*

Erläuterungen
zu den Empfehlungen

- *Trennen der konzentrierten Kohlenhydrate von den konzentrierten Eiweißen innerhalb einer Mahlzeit*

Um einer besseren Verdauung und dem Übersäuern unseres Körpers vorzubeugen, ist es empfehlenswert, die konzentrierten Kohlenhydrate von den konzentrierten Eiweißen innerhalb einer Mahlzeit getrennt zu verzehren. Dadurch werden unsere Verdauungsorgane entlastet, und wir fühlen uns leichter. Das heißt, die große Müdigkeit nach den Mahlzeiten tritt nicht auf, ebenso entfällt z. B. das Völlegefühl. Da die meisten Nahrungsmittel einen unterschiedlichen Anteil an Kohlenhydraten und Eiweißen aufweisen, ist eine 100%ige Trennung nicht möglich. Dies ist auch nicht erforderlich. Die grobe Trennung von Kohlenhydraten und Eiweißen innerhalb einer Mahlzeit ist ausreichend. Wie Sie wissen, kann unser Stoffwechselsystem problemlos *geringe* Mengen von Kohlenhydraten oder Eiweißen gleichzeitig mit größeren Mengen Eiweiß oder Kohlenhydraten verdauen.
Problematisch ist für viele lediglich die gleichzeitige Verdauung von großen Mengen Kohlenhydraten und Eiweißen.
(Siehe S. 31 f., Verdauung).

- *Täglich 70–80 % der Nahrung in Form von Obst, Gemüse und Salat essen, die Hälfte roh*

Einer der wesentlichen Punkte in der Hayschen Trennkost neben dem Trennen besteht darin, daß wir zur Unterstützung der Entsäuerung unseres Körpers täglich 70–80 % Basenbildner zu uns nehmen. Dies sind vor allem Obst, Gemüse und

Salat. Die Hälfte dieser Nahrungsmittel sollte in roher Form gegessen werden. Da ich davon ausgehe, daß Sie nur frisches Obst und vor jedem Mittag- und Abendessen einen Salat essen und außerdem, falls Sie zwischen den Mahlzeiten Hunger haben, rohes Gemüse knabbern, brauchen Sie sich über die 50 % Rohkost keine Gedanken zu machen. Dieses ist mit der zuvor geschilderten Ernährungsweise gesichert.

• *Vor jedem Mittag- und Abendessen einen Salat essen*

Um bei der täglichen Ernährung auf die 70–80 % zu kommen, ist es erforderlich, daß wir vor jedem Mittag- und Abendessen einen Salat (Frischkost) zu uns nehmen.
Der Salat vor der Mahlzeit regt durch Geruchs- und Geschmacksreize die Produktion und die Abgabe von Verdauungssäften an. Diese bereiten den Stoffwechsel auf seine Verdauungsarbeit vor. Ein weiterer erfreulicher Aspekt bei dem Salatessen vor der Mahlzeit besteht darin, daß frühzeitig ein Sättigungsgefühl eintritt. Das bedeutet, daß wir anschließend weniger energiereiche (kalorienreiche) Nahrung zu uns nehmen.
Eine wunderbare Art, ohne zu hungern, gesund abzunehmen und anschließend das abgenommene Gewicht mit Leichtigkeit zu halten.

• *Vollwertig essen*

Das hört sich für viele Menschen schlimm an. Ist es aber nicht.
Der erste Schritt zur Vollwerternährung besteht schon darin, daß Sie vor jedem Mittag- und Abendessen einen Salat essen. Daß Sie Obst und Gemüse, naturbelassene Fette, wie unraffinierte Öle, ungehärtete Fette, Milchprodukte wie Käse und angesäuerte Milchprodukte wie Joghurt, Kefir, Butter-, Dick-

40

milch und Quark sowie Vollkornprodukte, z. B. Vollkorn-nudeln ohne Ei, Naturreis, Vollkornbrot zu sich nehmen.

- *Sich Zeit nehmen zum Essen*

Ich höre Sie schon sagen: Ich bin berufstätig, ich habe keine Zeit zum Essen. Ich habe ein aktives Leben, ich bin viel un-terwegs und für so etwas Nebensächliches wie das Essen habe ich keine Zeit. Ich kann Ihnen sagen: Wir alle haben *nur* 24 Stunden Zeit am Tag. Niemand hat mehr, niemand hat we-niger. Sie sehen, Zeit ist gerecht verteilt, ob alt, ob jung, ob reich, ob arm, wir haben alle die gleiche Zeit. Die Frage ist einfach nur: Wie gehen wir damit um? Wir werden nicht be-deutender, wenn wir klagen: »Ich habe keine Zeit.« Mitunter zwingt sich mir der Eindruck auf, daß »keine Zeit« zu haben als schick gilt. Wir haben immer die Zeit, die wir uns selbst für bestimmte Dinge genehmigen. Haben Sie sich als Keine-Zeit-Mensch schon einmal überlegt, wieviel Zeit mit Unwohl-sein oder Krankheiten von ihrem Leben verlorengeht? Nur weil Sie glauben, keine Zeit zu haben und etwas für sich und damit für Ihr Wohlbefinden zu tun.
Zeit zum Essen und Trinken zu haben ist *überlebenswichtig*.

- *20–30mal kauen je Bissen*

»Gut gekaut, ist halb verdaut.« Wer kennt dieses Sprichwort nicht. Nur leider halten sich recht wenige Menschen daran. Damit die Enzyme optimal ihre Verdauungsarbeit leisten können, ist es erforderlich, daß wir die Speisen sehr gut kauen. Außerdem gibt es auch hierbei einen wunderbaren Nebeneffekt, der vor allem Menschen mit Gewichtsproble-men ansprechen wird. Je länger Sie kauen, desto länger hält Ihr Sättigungsgefühl an. Das ist doch das, was Sie schon immer wollten. Befreit sein von dem »Raubtier« Hunger.

Unser Gehirn signalisiert etwa 20 Minuten nach dem Beginn einer Mahlzeit: »Danke, es reicht.« Wer beim Essen nicht ausreichend kaut, sondern schlingt, kann unglaubliche Mengen in 20 Minuten vertilgen und damit dem Übergewicht Tür und Tor öffnen.

• *Insgesamt mäßig essen*

Was für den einen mäßig ist, kann für den anderen unmäßig sein. Deshalb hier einige Anhaltspunkte.

1 Portionsgröße für 1 Person

Salat	= Suppentellergröße
Fleisch	= 100 g
Fisch	= 150 g
Kartoffeln	= 100–150 g
Nudeln	= 50 g
Reis	= 50 g
sonstige Getreidearten	= 50 g
Gemüse	= 250–500 g

Niemandem ist zuzumuten, ein Leben lang alle Speisen vor den Mahlzeiten abzuwiegen. Deshalb halte ich es für empfehlenswert, in den ersten 14 Tagen der Ernährungsumstellung zu Hause die Speisen abzuwiegen. Danach haben Sie ein Gefühl für Portionsgrößen.
Anschließend ist Schluß mit dem Wiegen.
Bei Einladungen können Sie natürlich Ihr Essen nicht abwiegen. Da richte ich mich nach folgender Regel:
Zuerst einen Salat, dann eine Portion Gemüse mit Fleisch oder Fisch.
Oder

Zuerst einen Salat, dann eine Portion Gemüse mit Kartoffeln oder Reis oder Nudeln.

Ebenso halte ich es an Festtagen. Auch wenn es noch so gut schmeckt. Wenn ich einen Suppenteller voll Salat und anschließend eine Portion Eiweiß **oder** Kohlenhydrate mit einer Portion Gemüse gegessen habe, brauche ich mir keine Gedanken mehr zu machen. Ich bin satt.

Für Nachspeisefans darf es bei diesen Gelegenheiten noch eine Portion Nachtisch, entsprechend zur Eiweiß- oder Kohlenhydratmahlzeit, sein.

• *Essenspausen von drei bis vier Stunden einhalten,*
  vor allem beim Wechsel von einer Kohlenhydrat- zu einer
  Eiweißmahlzeit

Essenspausen von drei bis vier Stunden sind eigentlich etwas ganz Normales. Nur scheint dies heute nicht mehr normal zu sein. Gehen Sie mit offenen Augen durch die Straßen unserer Städte – überall werden fertige Speisen angeboten. Sie brauchen noch keine hundert Meter zu gehen, und schon haben Sie wieder eine Imbißbude, eine Fast-food-Kette oder eine Bäckerei mit belegten Brötchen oder Kuchen und Schleckereien. Ob Straßenfeste, Weihnachtsmärkte oder Kirchweihfeste: Essen und Trinken stehen im Mittelpunkt. Es kann der Eindruck entstehen, daß unser ganzes Sein sich ausschließlich um Essen und Trinken dreht. Beobachten Sie sich mal selbst. Haben Sie Langeweile, dann sind drei Stunden eine Ewigkeit. Haben Sie allerdings eine interessante Beschäftigung, dann merken Sie kaum, daß vier Stunden vergangen sind.

Geben Sie Ihren Stoffwechselorganen Zeit und Ruhe, damit diese die Möglichkeit haben, Ihre Speisen zu verdauen, bevor schon wieder Nachschub kommt.

• *Nicht zum Essen trinken*

Trinken Sie 20 Minuten vor und nach der Mahlzeit nichts. Es stört die Verdauungsarbeit, wenn Sie unmittelbar vor dem oder zum Essen trinken. Am Beispiel der Salzsäure des Magens wird dies ganz deutlich. Trinken Sie unmittelbar vor oder während dem Essen, so wird die Salzsäure des Magens verdünnt. Der eiweißhaltige Speisebrei wird nur schlecht denaturiert und somit kann das Enzym Pepsin auch nur unvollständig seine Verdauungsarbeit leisten. Der schlecht vorverdaute Speisebrei kommt in den Dünndarmbereich. Hier können die Proteasen wiederum ihre Verdauungsarbeit nicht vollständig erfüllen.

Wenn Sie ein Trennkost-Müsli eingenommen haben, ist es unbedingt erforderlich, daß Sie spätestens 30 Minuten nach dem Verzehr ausreichend trinken. Die Ballaststoffe benötigen Feuchtigkeit, damit sie quellen können.

Sonst kann es zur Stuhlverstopfung kommen.

● *Täglich zwei bis drei Liter trinken*

Wasser ist Leben, und dies gilt nicht nur für die Natur. Nein, auch für uns Menschen ist trinken lebensnotwendig.

Wenn wir zu wenig trinken, kommt es zur Dickflüssigkeit des Blutes und zum Lymphstau. Dadurch verringert sich die Sauerstoffversorgung unseres Körpers. Ein starker Leistungsabfall kann sich in Form von Kopfschmerzen, Müdigkeit, Lustlosigkeit, Antriebsschwäche und Konzentrationsstörungen bemerkbar machen. Äußerlich ist dies an einer müden, schlaffen Haut erkennbar.

Alkohol, Fruchtsäfte oder Limonadengetränke sind nicht geeignet, den Flüssigkeitsbedarf zu decken. Diese Getränke verursachen die Übersäuerung unseres Körpers.

Wollen Sie sich fit fühlen und auch strahlend und schön aussehen, dann sollten Sie Ihren täglichen Flüssigkeitsbedarf mit zwei bis drei Litern Kräuter- und Früchtetees, Heil- und Mineralwasser abdecken.

- *Verzicht auf Bohnenkaffee und Schwarztee*

Bohnenkaffee und Schwarztee sind Säurebildner. Wir möchten unseren Organismus von den belastenden Säuren befreien. Deshalb sollten wir auf diese Genußmittel verzichten. Mindestens jedoch deren Verbrauch drastisch einschränken. Sollten Sie nicht ganz auf diese Getränke verzichten **wollen,** dann berücksichtigen Sie bitte, daß es beim Genuß von Bohnenkaffee zur verstärkten Nierentätigkeit kommt. Das bedeutet, daß mehr Flüssigkeit, als in Form von Bohnenkaffee getrunken wurde, ausgeschieden wird.
Zu der täglichen Trinkmenge von zwei bis drei Litern zählen Bohnenkaffe und Schwarztee nicht dazu.

- *Als Zwischenmahlzeit rohes Gemüse*

Für den »kleinen Hunger« zwischen den Mahlzeiten dürfen Sie rohes Gemüse knabbern. Damit Sie vom Daueressen wegkommen, sollten Sie versuchen, mindestens eine zweistündige Eßpause einzuhalten. Lieber eine größere Menge verzehren und dann Pausen einhalten, als schier unentwegt zu essen.

- *Keine Mahlzeit ausfallen lassen*

Damit sind die drei Hauptmahlzeiten gemeint.

Frühstück	ist ein Muß,
Mittagessen	ist ein Muß,
Abendessen	ist ein Muß.

Menschen mit Gewichtsproblemen neigen dazu, nicht zu frühstücken. Mittags fangen sie langsam an zu essen. Am Nachmittag und frühen Abend steigert sich das Ganze. Je später der Abend, desto weniger ist Nahrung vor ihnen sicher. Es wird wahllos hineingestopft, was zwischen die Finger kommt.

Hinzu kommt dann meist das Gefühl der Selbstzweifel, der Selbstverachtung. Am nächsten Morgen beginnt das Karussell von neuem. Da man sich am Abend vollgestopft hat, kann man morgens ja nicht schon wieder frühstücken. Und genau mit diesem Verhalten geraten Sie in die Eßverhaltensstörung. Um diesen Kreislauf zu unterbrechen, wird Ihnen nichts anderes übrig bleiben, als umgehend aus dem Karussell auszusteigen. Überlegen Sie sich, was und wie Sie gerne frühstücken möchten. Erlauben Sie sich dieses Frühstück, denn nur Sie alleine können sich diese Genehmigung erteilen. Stehen Sie ruhig etwas früher auf. Freuen Sie sich auf das Frühstück. Decken Sie sich schön den Tisch. Wenn Sie glauben, dies im normalem Alltag nicht unterzubringen, dann verlegen Sie dies erst einmal auf das Wochenende.

Na, gefällt Ihnen das?

Ja?!

Warum wollen Sie nur am Wochenende leben? Gönnen Sie sich doch täglich das Vergnügen. Was Sie schon morgens an Vergnügen hatten, kann Ihnen niemand mehr nehmen. So gewappnet, werden Sie den Tag viel fröhlicher bewältigen.

Mittags gönnen Sie sich »Ihr Mittagessen« und abends natürlich »Ihr Abendessen«.

Sie sollen sich nicht den Bauch vollschlagen.

Genießen ist angesagt, Freude pur. Mit dieser Haltung werden Sie kaum unkontrolliert schlingen und damit zu viel essen.

Denken Sie daran, daß Sie Ihren Körper regelmäßig über den Tag verteilt mit Energie versorgen. Drei Mahlzeiten,

Frühstück,
Mittag- und
Abendessen,

sind die beste Waffe gegen Heißhunger und damit gegen *Freßanfälle.*

Nahrungsmittel

Gemüse, Salat und Obst

Täglich sollen wir 70–80 % unserer Nahrung in Form von
Obst, Gemüse und Salat essen.

Die Hälfte dieser Nahrungsmittel sollen wir in roher Form
essen. Vom Frühjahr bis zum Herbst steht uns eine Vielfalt
von diesen Nahrungsmitteln erntefrisch zur Verfügung. Obst,
Gemüse und Salat haben in unseren »keine Zeit«-Tagen
einen Nachteil. Sie müssen geputzt und gewaschen werden.
Ein anderer Nachteil besteht darin, daß im Winterhalbjahr
diese Nahrungsmittel nicht in so reicher Vielfalt zur Verfügung stehen.

Was liegt da näher, als zu Gemüsekonserven in Dosen oder
im Glas zu greifen. Tun Sie dies nicht. Durch das Konservie-
ren werden die einst wertvollen Lebensmittel wertlos. Das so
konservierte Obst und Gemüse verfügt über keinerlei Inhaltsstoffe, wie Vitamine, Mineralien oder Spurenelemente. Beim
Essen geht es nicht nur darum, daß wir unser Hungergefühl
stillen. Ein ebenso wichtiger Punkt ist die Tatsache, daß wir
unseren Körper mit allen lebensnotwendigen Inhaltsstoffen
versorgen müssen.

Was tun im Winterhalbjahr? Schon unsere Vorfahren wuß-
ten, wie Gemüse für das Winterhalbjahr haltbar gemacht
werden konnte. Es handelt sich um das Verfahren der Milchsäuregärung, z. B. Sauerkraut, saure Bohnen. Bei diesem Verfahren werden weder Zucker noch Konservierungsstoffe
benötigt. Das Gemüse wird nicht erhitzt und behält so seine
Inhaltsstoffe.

Heute kennen wir eine weitere schonende Art der Haltbarmachung. Die Tiefkühlkost. Sie ist ein Segen für all jene, die

viel unterwegs sind und keine Lust oder Zeit haben, Gemüse zu waschen und zu putzen. Tiefkühlgemüse *ohne Zusätze* können Sie jederzeit verwenden. Beim Tiefgefrieren gehen kaum Inhaltsstoffe verloren. In der Tiefkühltruhe der Lebensmittelgeschäfte finden wir sogenannte Rahmgemüsearten und Gemüsepfannen. Diese Gemüsearten sind mit Nahrungsmittelzusatzstoffen versetzt. Bei den Nahrungsmittelzusatzstoffen handelt es sich zum größten Teil um künstlich hergestellte Stoffe, also reine Chemie. Diese übersäuern unseren Körper und gefährden damit unsere Gesundheit. Heute wissen wir, daß durch Nahrungsmittelzusatzstoffe u. a. Allergien ausgelöst und damit begünstigt werden.

Beim Salat ist die Sache einfacher. Jegliche Art der Konservierung ist beim Salat nicht möglich. Achten Sie darauf, daß Sie die Salate möglichst der Jahreszeit entsprechend kaufen, d. h., wenn er draußen wächst und nicht aus dem Treibhaus kommt.

Beim konservierten Obst aus der Dose oder aus dem Glas verhält es sich wie beim konservierten Gemüse. Zusätzlich kommen hier immer noch größere Mengen an Zucker bzw. Süßstoff hinzu (siehe Kapitel Zucker, Süßstoff, S. 53–59).
Durch das Tiefgefrieren steht uns, ebenso wie beim Gemüse, eine schonende Art der Konservierung zur Verfügung. Wichtig ist, daß das Obst ohne Zusätze von Zucker oder Süßstoff eingefroren wird.
Dörren und Trocknen ist eine zusätzliche, nicht gesundheitsschädigende Art, Obst haltbar zu machen. Bei der späteren Verwendung ist zu beachten, daß das Obst mit wenig Wasser mehrere Stunden eingeweicht werden sollte. Das Einweichwasser, in dem viele Nährstoffe enthalten sind, sollte mitverarbeitet werden.

Wer darauf achtet, daß seine tägliche Ernährung aus 70–80 % Basenbildnern besteht, Obst, Gemüse, Salat, die Hälfte in roher Form, hat Freude an einem gesunden, schönen Körper.

Was tun wir nicht alles, um, wenn schon nicht einen gesunden, dann aber wenigstens einen schönen Körper zu haben?
Sie können beides haben. Gesund und schön sein.
Diese »innere Kosmetik« ist durch nichts zu ersetzen, durch keinen Schönheitschirurgen, durch keine äußere Kosmetik.
Die Kombination von »innerer« und »äußerer« Kosmetik ist die effektivste Art der Schönheitspflege.

Getreide

Seit Jahrtausenden zählt Getreide zu den Grundnahrungsmitteln der Menschen. Das ist darauf zurückzuführen, daß das Getreidekorn lagerungsfähig, d. h., sehr lange haltbar und damit stets verfügbar ist. Das Getreidekorn besteht aus dem Keim, den Randschichten und dem Mehlkörper. In früheren Zeiten gab es viele Kleinmühlen. Hier wurde das Getreidekorn bei Bedarf gemahlen. Mit dem Beginn der Industrialisierung und dem starken Bevölkerungszuwachs in den Städten kam es zu Versorgungsschwierigkeiten. Es entstanden zentrale Großmühlen. Der im Getreidekorn enthaltene Keim ist sehr fetthaltig. Was dazu führt, daß gemahlenes Getreide leicht ranzig wird. Um ein lagerungsfähiges Mehl zu erhalten, wurde der fetthaltige Keim entfernt. Es entstanden zentrale Großmühlen, in denen das Korn gemahlen wurde. Da gemahlenes Vollkornmehl wegen des fetthaltigen Keims bei längerer Lagerung ranzig wird, wurde dieser entfernt.
Die Randschichten des Kornes geben dem Mehl eine graue/ braune Farbe. Zu dieser Zeit hielten Wissenschaftler die Randschichten für unnötigen Ballast. Die Randschichten und damit die Ballaststoffe wurden ebenfalls vom Getreide entfernt. Entstanden ist ein blütenweißes Mehl. Die Mehlkonserve war geboren, und wie alle Konserven war auch diese lange haltbar. Die Ballaststoffe wurden zur Viehfütterung verwendet. Erst viel später erkannten Wissenschaftler, daß es sich um eine Fehlentscheidung handelte.

Der Keim des Getreidekorns enthält Vitamine, Mineralien, Enzyme, pflanzliches Eiweiß und Fett mit der mehrfach ungesättigten Linolsäure.

Die Randschichten enthalten ebenfalls Vitamine, insbesondere jene aus der B-Gruppe, Mineralien, Enzyme, pflanzliches Eiweiß, geringe Mengen an Fett und vor allem Ballaststoffe (siehe Ballaststoffe, S. 71–74).

Der Mehlkörper enthält Stärke und Klebereiweiß. Ohne das Klebereiweiß gelingt es uns nicht, Kuchen oder Brot zu backen.

Beim Mehl sind zwei Bezeichnungen bekannt. Einmal der Ausmahlungsgrad und zum anderen die Typenbezeichnung.

Der Ausmahlungsgrad gibt uns an, wieviel beim Vermahlen des Getreidekorns entfernt wurde.

Wenn beim Vermahlen von 1 kg Getreide 450 g Mehl übrig bleiben, so hat dieses Mehl einen Ausmahlungsgrad von 45 %. Im Handel wird dieses Mehl mit der Typenbezeichnung 405 angeboten.

Niedrig ausgemahlene Mehle haben eine Typenbezeichnung von 405 bis 812

Mittel ausgemahlene Mehle haben eine Typenbezeichnung von 1050 bis 1600

Hochausgemahlene Mehle haben eine Typenbezeichnung von 1700 bis 2000.

Bei der hohen Typenbezeichnung liegt der Ausmahlungsgrad bis ca. 98 %

Im Gegensatz zu den niedrig ausgemahlenen Mehlen ist der Ausmahlungsgrad bei den mittleren und hochausgemahlenen Mehlen höher und damit auch der Anteil der mineralhaltigen Randschichten. Dies macht diese Mehle jedoch nicht vollwertig.

50

Bei einem Vollkornmehl ist der Ausmahlungsgrad 100 %. Es sind alle Anteile der mineralhaltigen Randschichten, die im ausgereiften Getreidekorn sind, auch in diesem Mehl vorhanden.

Werden Sie sich darüber klar, daß Sie bei einem Mehl mit der Typenbezeichnung 405 auf 80 % der Inhaltsstoffe des Getreidekorns verzichten. Sie verzichten auf den vollen Wert. Überlegen Sie, wann – außer beim Essen – Sie bereit sind, auf 80 % des Ihnen zustehenden Wertes freiwillig zu verzichten? Für Vollkornmehl gibt es keinen Ersatz.

Am Getreidekorn können wir am besten erkennen, was geschieht, wenn wir von einem Nahrungsmittel Teile entfernen. Der Mehlkörper alleine ist für unsere Gesundheit von geringer Bedeutung, da er keine essentiellen Inhaltsstoffe wie der Keim und die Randschichten enthält. Beim Fehlen der essentiellen Inhaltsstoffe in unserer Ernährung sind wir unterernährt. Diese Unter- oder Mangelernährung führt dazu, daß unser Organismus Not leidet. Durch Heißhungeranfälle will er uns sagen, daß ihm etwas fehlt. Durch Unkenntnis der stoffwechselbedingten Vorgänge in unserem Körper können viele von uns dieses Notsignal nicht richtig interpretieren. Statt sich vollwertig zu ernähren und damit dem Heißhunger zu entfliehen, essen sie weiterhin Minderkost, ohne daß sich an ihrem Zustand der Mangelernährung etwas ändert. Dieses Verhalten führt zwangsläufig zur Übersäuerung des Körpers und damit in die Überernährung.

Brot

Noch nie war das Angebot an Brot- und Brötchensorten so reichhaltig wie heute. Wenn die Qualität auch so reichhaltig wie das Angebot wäre, könnten wir frohlocken. Dem ist leider nicht so. Es wird fast überwiegend niedrig ausgemahlenes Mehl zur Herstellung von Backwaren verwendet. Manchmal wird mittel ausgemahlenes, ganz selten hoch ausgemahlenes und seltener vollwertiges Mehl verwendet. Hier sind wir als Verbraucher gefragt, denn wir bestimmen im wesentlichen mit, was gebacken wird. Erhöht sich die Nachfrage und damit der Verkauf von vollwertigen Backwaren, so werden die Bäcker auch mehr Vollkornbackwaren anbieten.

Schauen wir uns um, so kann der Eindruck entstehen, daß alle in Eile sind. Niemand scheint mehr Zeit zu haben, um eine Mahlzeit zuzubereiten. Schnell zu Verzehrendes, meist minderwertige Backwaren, werden gehend gegessen bzw. hinuntergeschlungen. Und das in Anbetracht der Tatsache, daß wir noch nie soviel Freizeit hatten wie in den letzten Jahren.

Vollkornnudeln

Sind für viele vom Aussehen wie vom Geschmack her erst gewöhnungsbedürftig. Deshalb empfehle ich immer, erst kleine Portionen zu kaufen. Probieren Sie die verschiedenen Sorten aus, bis Sie jene gefunden haben, die Ihnen am besten schmecken. Sollte Ihnen die Geschmacksumgewöhnung etwas schwerfallen, dann tun Sie dies, was ich mit meiner Familie tat.

Mischen Sie die Vollkornnudeln mit den bisherigen Weißmehlnudeln. Es gibt im Handel rote und grüne Nudeln, sowohl vollwertig als auch minderwertig. Mischen Sie alle »Nudelfarben«. Von Mal zu Mal lassen Sie den vollwertigen Anteil der Vollkornnudeln größer werden.

Besser, Sie benötigen zur vollwertigen Ernährungsumstellung ein halbes Jahr, als fünf bis acht Tage und dann nie mehr Vollwertkost.

Warum es sich lohnt, auf Vollwertnahrungsmittel umzustellen? Da diese besser sättigen, essen sie automatisch weniger. Zudem hält mit den Vollkornprodukten das Sättigungsgefühl viel länger an. Das führt dazu, daß Sie mengenmäßig weniger und seltener essen. Die dadurch eingesparte Energie- und Kalorienaufnahme führt zur Gewichtsreduktion.

Reis

Beim Reis verhält es sich ebenso wie bei allen anderen Getreidesorten.

Durch das Polieren bzw. dem Schälen von Reis wird das Silberhäutchen entfernt. Damit verfügen wir über einen schneeweißen Reis, leider ist dieser für unsere Ernährung völlig wertlos, da ihm lebensnotwendige Inhaltsstoffe fehlen.

Sie nehmen, wie bei allen nichtvollwertigen Produkten nur Kalorien, keine Nährstoffe zu sich.

Verwenden Sie Ihrer Schönheit und Gesundheit zuliebe Naturreis, auch wenn dieser nicht blütenweiß ist. Sollte Ihnen die Umstellung schwerfallen, so mischen Sie Natur- mit rotem Camarque-, Wild- und poliertem Reis. Lassen Sie auch hier die vollwertigen Reissorten (Natur-, roter Camarque- und Wildreis) immer mehr werden. Mit Gewürzen wie Safran, Paprika- und Currypulver geben Sie dem Reis zusätzliche Farbe.

Süßungsmittel: Zucker, Honig und Süßstoff

Zucker

Beim Zucker ist zunächst zu unterscheiden, um welche Art von Zucker es sich handelt. Einmal haben wir den industriell hergestellten Zucker, als isolierter Zucker bekannt, zum anderen verfügen wir über naturbelassenen Zucker, wie er z. B. im Obst enthalten ist. Beide Zuckerarten sind natürlich auch unterschiedlich zu bewerten, da diese von unseren Verdauungsorganen auch unterschiedlich verarbeitet werden.

Beim isolierten Zucker handelt es sich wie beim Auszugsmehl um isolierte Kohlenhydrate. Diese isolierten Kohlenhydrate enthalten keinerlei lebensfördernde Inhaltsstoffe, wie Vitamie, Mineralien oder Spurenelemente. Nein, sie entziehen dem Körper noch zusätzlich Kalzium und Vitamine des B-Komplexes. Bei der weitverbreiteten Mangelernährung kommt es zum

Mineralien- und Vitamin-B-Mangel. Um ein Mindestmaß zur Versorgung der Organe mit Mineralien zu gewährleisten, werden den Knochen Mineralien entzogen. Durch die Entmineralisierung der Knochen kommt es zur Osteoporoseanfälligkeit. Der Vitamin-B-Mangel begünstigt Neuralgien, Schulter-Arm-Syndrom und Rückenbeschwerden.

An dieser Stelle muß gesagt werden, daß der *braune Zucker* nicht gesünder ist als der weiße Zucker. Dem braunen Zucker fehlt letztendlich ein einziger Reinigungsprozeß gegenüber dem weißen Zucker. Ansonsten verursacht er die gleichen gesundheitlichen Schäden wie der weiße Zucker.

Süß macht sauer

Das bedeutet, daß der isolierte Zucker zur Übersäuerung in unserem Körper führt.
Begleiten wir den Säurebildner Nr. 1, den isolierten Zucker, auf seinem Weg durch unser Verdauungssystem.
Bereits im Mund kommt es durch den Speichel und Speisereste zum Zahnbelag. Beim Genuß von isoliertem Zucker wird dieser durch die Bakterien des Zahnbelages zur Säure umgewandelt. Diese aggressive Säure greift den Zahnschmelz an. Dadurch werden den Zähnen Mineralien entzogen. Der ursprünglich harte Zahnschmelz wird weich und brüchig. Karies- und Parodontoseerkrankungen sind die Folge.

Durch den isolierten Zucker kommt es im Magen zur verstärkten Magensaftbildung. Dies kann zu Sodbrennen, Magenschleimhautentzündungen, im späteren Stadium zu Magengeschwüren führen. Durch die gereizten Magenschleimhäute wird zudem ein Hungergefühl ausgelöst. Dies führt meist dazu, daß vermehrt Speisen aufgenommen werden. Leider häufig in Form von isolierten Kohlenhydraten, d. h., Auszugsmehl in Verbindung mit isoliertem Zucker.

Im Darm reizt der zuckerhaltige Speisebrei die Darmschleimhaut. Es kommt im Darm zur Gärung des Speisebreis. Diese führt zur Blähbauchbildung. Zudem werden die bei der Gärung entstehenden Gase über die Darmwandzotten an die Körperflüssigkeiten (Lymphe und Blut) abgegeben. Es handelt sich um sauerstoffarme Körperflüssigkeiten. Das bedeutet, daß unser Organismus nicht ausreichend mit Sauerstoff versorgt wird. Dies macht sich in stoffwechselbedingten Unpäßlichkeiten und in schlechtem Aussehen bemerkbar. Äußerlich deutlich zu erkennen an grauer, fahler Gesichtshaut, stumpfen Haaren und brüchigen Finger- und Fußnägeln. Durch den zuckerhaltigen Speisebrei kommt es im Darm zur vermehrten Ansiedlung von Pilzen und von unerwünschten Darmbakterien. Was einerseits zur Stuhlverstopfung und andererseits zu Durchfällen führen kann. Diese Stühle sind immer übelriechend. Wenn Sie übelriechende Stühle absetzen, kam es in Ihrem Darm zur Gärung.

Unser körperliches, seelisches und geistiges Wohlbefinden hängt in erster Linie von einem gesunden Darmmilieu ab. Mit dem Verzehr von isolierten Kohlenhydraten in Form von isoliertem Zucker und Auszugsmehl wirken wir einem gesunden Darmmilieu entgegen.

Es ist heute unumstritten, daß viele Darmerkrankungen mit einer vollwertigen Ernährungsweise zu verhindern, zumindest zu lindern sind.

Als ich vor vielen Jahren einem Arzt gegenüber äußerte, daß ich den Eindruck habe, ich sei zuckerabhängig und damit zuckersüchtig, schaute mich dieser völlig verständnislos an und meinte: »Nein, das gibt es nicht.«

Heute wissen wir es anders. Alle Kohlenhydrate werden im Dünndarm zu Einfachzucker abgebaut. Bei den vollwertigen Nahrungsmitteln geschieht dies langsam in einem natürlichen Rhythmus. Dadurch kommt es nach der Nahrungsaufnahme zu einem langsamen Anstieg des Blutzuckerspiegels. Dieser hält relativ lange sein Niveau und fällt nur langsam wieder ab.

Hingegen werden die isolierten Kohlenhydrate sehr schnell vom Darm abgebaut und über die Darmwand auch schnell an das Blut abgegeben. Es kommt zum raschen Anstieg des Blutzuckerspiegels. Die Bauchspeicheldrüse muß sofort Insulin an das Blut abgeben, damit der Blutzuckerspiegel wieder gesenkt wird. Mitunter wird zuviel Insulin ausgeschüttet, und der Blutzuckerspiegel fällt zu stark ab.

Wir befinden uns dann in der Unterzuckerung. Unsere Zellen, Muskeln, Organe sowie das Gehirn sind nicht mehr ausreichend mit Energie versorgt. Wir stellen einen deutlichen Leistungsabfall in Form von Konzentrationsstörung, Müdigkeit und allgemeiner Schwäche fest. Fast automatisch und zwanghaft, ohne zu überlegen, greifen wir meist nicht zu vollwertigen Nahrungsmitteln, wie Obst, sondern zu isolierten Kohlenhydraten, wie zuckerhaltigen Produkten, damit wir aus diesem Leistungstief so rasch wie möglich herauskommen. Um der Unterzuckerung Herr zu werden, schüttet meist gleichzeitig mit der erneuten Nahrungsaufnahme unsere Bauchspeicheldrüse Glukagon zur Anhebung des Blutzuckerspiegels aus.

Es kommt zum erneuten dramatischen Anstieg des Blutzuckerspiegels. Die Bauchspeicheldrüse schüttet wieder Insulin aus, um den Blutzuckerspiegel erneut zu senken.

Der Kreislauf beginnt von vorn. Wen wundert es, daß die Bauchspeicheldrüse bei dieser nicht selten jahrzehntelangen Dauerstreßbelastung irgendwann schlapp macht und wir an Diabetes II (Alterszucker) erkranken.

Eine weniger erfreuliche Tatsache besteht darin, daß immer mehr Menschen und immer jüngere an dem sogenannten Altersdiabetes erkranken. Hier ist der Zusammenhang des nach wie vor steigenden Zuckerverbrauchs nicht zu übersehen. Ein Grund ist darin zu sehen, daß Kinder heute oft schon von klein auf mit einer Minder-Zuckerkost ernährt werden. Früher gab es Süßigkeiten nur zu besonderen Anlässen. Ich kann mich daran erinnern, daß ich als Kind nur am Geburtstag, zu Weihnachten und Ostern eine Tafel Schokolade bekam. Eine seltene Ausnahme war, wenn mal eine Tante oder ein Onkel zu Besuch kamen und mir eine Tafel Schokolade mitbrachten.

Von meiner Großmutter bekam ich immer Obst. Vermutlich auf Grund der Tatsache, daß sie als Mutter während der Kriegs- und Nachkriegsjahre ihren Kindern nur sehr wenig Obst geben konnte.

Der menschliche Organismus braucht die Energie des Zuckers. Allerdings nur jene, die als Einheit von Natur aus in den Nahrungsmitteln enthalten ist, z. B. im Obst. Unser Organismus verarbeitet diese natürlichen Zuckerarten ganz anders als den isolierten Zucker. Im Dünndarmbereich wird der natürliche Zucker langsam aufgespalten und kontinuierlich an das Blut abgegeben. So steigt der Blutzuckerspiegel langsam. Er hält relativ konstant sein Niveau und fällt nur langsam ab. Es kommt nicht zu einem dramatischen Leistungsabfall und damit auch nicht zu Heißhungeranfällen.

Der Heißhunger bei groß und klein ist immer ein Signal dafür, daß unserem Körper etwas fehlt, damit wir aktiv und froh sind. Ihm fehlt aber nicht der isolierte Zucker, sondern ihm fehlen vollwertige Kohlenhydrate. Versuchen Sie es bei Ihrem nächsten Heißhungeranfall einmal mit einer Scheibe trockenem Vollkornbrot. Kauen sie diese ohne Belag ganz intensiv Bissen für Bissen. Sie werden dafür etwa 20 Minuten benötigen. Nicht schlingen, konzentrieren Sie sich auf das Kauen (20–30mal je Bissen). Nehmen Sie wahr, wie sich die Stärke des Brotes während des intensiven Kauens in Zucker verwandelt? Jetzt steigt Ihr Blutzuckerspiegel langsam an. Er hält relativ lange das Niveau und fällt nur langsam wieder ab. Es kann sich auch um Obst handeln, und für ganz besonders »Süße« gibt es besonders süße Obstsorten. Aber auch hier ist es wichtig, daß sie es genießen und spüren. Nur so und nicht über den Weg des weiteren Verzehrs von isolierten Kohlenhydraten, z. B. Auszugsmehlprodukten in Verbindung mit isoliertem Zucker, wie Kekse, Zuckerteilchen usw. haben Sie die Möglichkeit, aus der Zuckersucht auszusteigen. Ein äußeres

Zeichen – beobachten Sie Ihre Haut –, wie wunderbar sie sich verändert. Pickel, Pusteln und Unreinheiten vergehen von alleine.

Immer wieder klagen in meinen Seminaren Teilnehmer darüber, daß sie verschiedene Obst- und Gemüsesorten sowie Vollkornprodukte seit Jahren nicht vertragen. Das Problem am isolierten Zucker besteht darin, daß er von unserem Stoffwechselsystem verarbeitet wird, er macht nur andere Lebensmittel, meist die ernährungsphysiologisch wertvolleren, unverträglich. Oft macht sich dies nicht sofort bemerkbar, sondern ein bis zwei Mahlzeiten später, z. B. durch Sodbrennen. Am Abend denkt niemand mehr an das Marmeladenbrot zum Frühstück oder das Glas Cola oder Limonade am Vormittag.

Erstaunt sind die Teilnehmer immer wieder, wie simpel und einfach in den meisten Fällen die Lösung ist. Totaler Verzicht auf isolierten Zucker in der täglichen Ernährung. Anschließend schrittweise die nicht vertragenen Nahrungsmittel in kleinen Mengen in den Speiseplan miteinbeziehen. Und siehe da, in den meisten Fällen wird dann alles vertragen, was zuvor nicht vertragen wurde.

Süßstoff

Durch die Werbung entsprechend programmiert, glauben viele, des Rätsels Lösung bestünde im Austausch des isolierten Zuckers gegen Süßstoff. Dies ist leider ein Trugschluß. Der Verbrauch an Süßstoffen ist so hoch wie nie zuvor, ebenso der des isolierten Zuckers. Sie merken schon, etwas stimmt hier nicht. Unsere »Süßschwelle«, das heißt, das Empfinden für Süße, wird immer höher. Diese bekommen wir aber nicht gesenkt, in dem wir Süßstoff gegen Zucker austauschen. Die Wirksamkeit, die uns die Werbung suggeriert, Süßstoff kontra Übergewicht, funktioniert offensichtlich nicht. Denn wie wäre sonst bei dem hohen Verbrauch zu erklären, daß trotzdem immer mehr Menschen an Übergewicht leiden?

Der Süßstoff hat einen weiteren Nachteil. Er wird von unserem Körper nicht verarbeitet. Zu dieser Erkenntnis sind Wissenschaftler aufgrund einer Studie bei Fastenden gekommen. Ausschließlich Probanden, die einen regelmäßigen Süßstoffverbrauch hatten, klagten am dritten bis vierten Tag des Fastens über einen unangenehmen süßen Geschmack auf der Zunge. Der dritte bis vierte Tag beim Fasten gilt als die Zeit der Entgiftung. Die Zunge ist ebenso wie die Haut, die Niere und die Lunge ein Ausscheidungsorgan. Der nicht verarbeitete Süßstoff wird als Schlackenstoff im Bindegewebe, unserer großen Mülldeponie, abgelagert. Nur während des Fastens besteht die Möglichkeit, diese Abfallstoffe aus dem Körper zu entfernen. Somit führt auch der Süßstoff zur Übersäuerung unseres Körpers.

Honig

ist ein Naturprodukt. Die Bienen selbst liefern nur allerbeste Qualität. Eine andere Tatsache ist, was wir Menschen daraus machen. Ich glaube, es gibt nichts an Nahrungsmitteln, was wir nicht zum Nachteil von uns selbst verändern können.

Ein naturbelassener Honig, im Handel mit der Bezeichnung »nicht wärmebehandelt«, verfügt im Gegensatz zu industriell verarbeitetem Honig über organische Säuren, Enzyme, Aromastoffe, Pigmente, Wachse und Pollen. Um die bei vielen vorhandene erhöhte Süßschwelle zu senken, ist es nicht empfehlenswert, den isolierten Zucker mit dem Honig auszutauschen.

Auch hier heißt die Devise: »Senkung der erhöhten Süßschwelle!«

Oft sind wir auf Grund dieses erhöhten Süßempfindens nicht mehr in der Lage, den von Natur vorhandenen Geschmack, z. B. beim Obst wie Erdbeeren u. a., wahrzunehmen.

Deshalb sollte der Honig möglichst in verdünnter Form verarbeitet werden, z. B. für Kuchen und Nachspeisen.

Wer nicht ganz auf SÜSS verzichten kann, dem sei einmal wöchentlich ein Brot oder Brötchen mit dünn aufgestrichenem, naturbelassenem Honig erlaubt.

Erwähnen möchte ich, daß nach dem Verzehr von naturbelassenem Honig, wie beim isolierten Zucker, die gleiche Übersäuerung und damit die gleiche Kariesgefahr für unsere Zähne besteht.

Deshalb unbedingt auch nach dem Genuß von Honig die Zähne putzen!

Mit einer vollwertigen Ernährungsweise, in der täglich viel Obst, Gemüse, Salat und geringe Mengen an Vollkorngetreideprodukten (Brot, Nudeln, Reis) verzehrt wird, läßt das Verlangen nach SÜSS automatisch nach.

Fette

Fett macht fett, und nicht nur das, es macht uns auch krank. Ein Zuviel an Fett kann u. a. erhöhte Blutfettwerte verursachen. Diese führen zur Gefäßverkalkung und erhöhen das Risiko, an Durchblutungsstörungen, Herzinfarkt und Schlaganfall zu erkranken. Selbst Menschen, die bei der Zubereitung der Speisen darauf achten, daß sie sparsam mit Fett umgehen, vergessen oft, wieviel Fett z. B. in Wurst enthalten ist. Fertiggerichte, z. B. Pizzen, tiefgekühlte Gemüsepfannengerichte, süße und salzige Knabbereien triefen geradezu vor Fett. Hier handelt es sich durchwegs zudem noch um minderwertiges Fett. Auch die Speisen, die heute an jedem Schnellimbiß und von jeder Fast-food-Kette angeboten werden, sind voll von diesem minderwertigen Fett. Erschwerend kommt hinzu, daß Menschen, die diese Art der Ernährung bevorzugen, sich fast ausschließlich von einer ballaststoffarmen Minderkost ernähren (siehe Ballaststoffe, S. 71–74).

Grundsätzlich ist zu sagen, daß es sich bei der Trennkost um eine fettarme Ernährungsweise, d. h. 70 bis 80 g Fett/ je Person/je Tag, handelt. Wir haben mit den geräucherten Fisch- und den fetten Käsesorten, den Nüssen und Saaten, wie Leinsamen und Sonnenblumenkerne, ohnehin schon genug versteckte Fette in unserer Ernährung. Deshalb gehen wir tropfen- oder messerspitzenweise mit den Fetten um. Das ist auch der Grund, warum ich in Ihren Augen vielleicht knauserig mit den Fetten umgehe. Sparen Sie Fett ein, wo Sie nur können, tropfen- und messerspitzenweise einsetzen.

Schauen wir uns nun mal die einzelnen Fettarten an, die wir in unserer Ernährung verwenden:

Die pflanzlichen Fette

Öl

Von einem hochwertigen Öl sprechen wir, wenn es sich um ein Öl aus 1. Pressung handelt, das zudem unraffiniert ist. Öle aus 1. Pressung können raffiniert worden sein, deshalb ist der Zusatz »unraffiniert« so wichtig. Bei der Pressung von Öl entsteht durch den Preßdruck etwa eine Temperatur von ca. 40 Grad. Dieses Öl muß anschließend nur filtriert werden. Durch diesen schonenden Prozeß enthält das Öl alle Stoffe, die zuvor in den reifen Ölfrüchten enthalten waren, wie Vitamine und die mehrfach ungesättigte Linolsäure. Die mehrfach ungesättigte Linolsäure finden wir außer bei den Ölen nur noch im Keim des gesamten Getreidekorns. Diese mehrfach ungesättigte Linolsäure müssen wir mit unserer Ernährung unserem Körper zur Verfügung stellen, damit er daraus die Acharidon- und Linolensäure herstellen kann, die für einen gesunden Organismus unentbehrlich sind.

Diese Öle finden Sie im Handel mit der Bezeichnung »kaltgepreßt, *unraffiniert* oder aus 1. Pressung *unraffiniert*«.

Welche unraffinierte Öl sie wählen, z. B. Sonnenblumen-, Distelöl oder andere, das bleibt Ihnen überlassen. Alle Öle, mit Ausnahme von Olivenöl, sind ausschließlich kalt zu verwenden, da beim Erhitzen die mehrfach ungesättigte Linolsäure verlorengeht. Eine Ausnahme stellt Olivenöl dar. Olivenöl enthält die mehrfach ungesättigte Linolsäure nicht. Deshalb können Sie bedenkenlos einige Tropfen Olivenöl z. B. ins Nudelkochwasser geben und auch zur sonstigen Warmanwendung verwenden.

Alle diese unraffinierten Öle sind geöffnet etwa vier bis sechs Wochen haltbar, einmal geöffnet, sollten sie im Kühlschrank aufbewahrt werden.

Bei einer zweiten Art der 1. Pressung wird zusätzlich Wärme hinzugeführt, damit die Ölausbeute ergiebiger ist. Hier entsteht eine Temperatur von ca. 60 Grad. Die Inhaltsstoffe der gesamten Ölfrucht, wie Vitamine und die mehrfach ungesättigte Linolsäure, werden dabei zerstört. Anschließend muß dieses Öl raffiniert werden und durchläuft somit den gesamten chemischen Prozeß, bei dem alle Inhaltsstoffe vernichtet werden. Auf diese Öle sollten Sie Ihrem Wohlbefinden zuliebe verzichten.

Kokosfett

Hat ebenso wie Olivenöl einen Siedepunkt von ca. 200 Grad. Zum Braten und Einfetten von Back- bzw. Kuchenblechen ist es damit bestens geeignet. Beim Kauf sollten Sie auf die Bezeichnung »ungehärtetes Kokosfett« achten. Diese ungehärteten Kokosfette sind weniger technologisch verarbeitet und haben dadurch einen höheren ernährungsphysiologischen Wert.
Zu beachten ist beim Erhitzen von Fetten, daß diese nicht überhitzt werden. Entsteht ein bläulicher Qualm, riecht es angebrannt, dann werden krebserregende Stoffe freigesetzt. Sollte dies einmal passieren, dann beseitigen Sie bitte das Fett, nehmen Sie eine neue Pfanne oder einen neuen Topf und beginnen Sie noch einmal mit dem Erhitzen.

Margarine

Bei der Margarine handelt es sich ebenfalls um ein pflanzliches Fett. Die Margarine sollte nicht zum Braten verwendet werden. Sie ist ein Streichfett und kann höchstens noch beim Kuchenbacken eingesetzt werden. Hier sollten Sie auf die Bezeichnung »ungehärtete Margarine« achten. Dies gewährleistet, daß bei ihrer Herstellung ein hoher Anteil von »Kaltpreßölen« verwendet wurde. Somit steht Ihnen von den Inhaltsstoffen her mit diesem Produkt ein hochwertiges Fett zur Verfügung.

Die tierischen Fette

Butter

Ist das natürlichste tierische Fett, das uns in der Ernährung zur Verfügung steht. Im Gegensatz zu den pflanzlichen Fetten enthält tierisches Fett – und damit die Butter – Cholesterin. Diese Tatsache hat sicherlich auch dazu geführt, daß sie in »Verruf« geraten ist. Gehen wir mit der Butter sparsam um, d. h., beachten wir die Gesamttagesmenge Fett von 70 bis 80 g pro Person, brauchen wir uns um den erhöhten Cholesterinspiegel keine Sorgen zu machen. Der erhöhte Cholesterinspiegel hat viele Ursachen (siehe S. 73, Ballaststoffe). Die Butter ist, wie die ungehärtete Margarine, zum Kuchenbacken und als Streichfett z. B. auf Brot zu verwenden.

Butterschmalz

Bei der Herstellung von Butterschmalz werden der Butter Wasser und Eiweiß entzogen.
Dadurch hat es ebenso wie Olivenöl und ungehärtetes Kokosfett einen hohen Siedepunkt, ca. 200 Grad, und ist zum Braten geeignet. Da es im Gegensatz zur Butter durch Erhitzen nicht »anbrennt«, d. h. schwarz wird, läßt es sich ideal zum Einfetten von Backblechen und Kuchenformen verwenden.

Gemieden werden sollten: alle extrahierten und raffinierten Öle, gehärtete Fette, Diät- und Lightfette.

Empfohlen werden hingegen: qualitativ hochwertige Fette wie unraffinierte Öle, ungehärtetes Kokosfett, ungehärtete Margarine sowie Butter und Butterschmalz.
Bei den Fettmengen ist zu berücksichtigen, daß Nüsse und Saaten, z. B. Leinsamen, Sonnenblumenkerne, über einen hohen Anteil an versteckten Fetten verfügen.

Streichfett und zum Backen:
Butter,
ungehärtete Margarine

Braten und Einfetten:
Olivenöl,
Butterschmalz,
ungehärtetes Kokosfett

Zur Kaltanwendung (Salat und Müsli):
unraffinierte Öle

Milch und Milchprodukte

Mit Milch und Milchprodukten können wir unseren Organismus mit Calcium, Vitamin B und Eiweiß versorgen. Die Milch ist kein Getränk, sondern ein Nahrungsmittel, das – wenn überhaupt – nur schlückchenweise eingespeichelt und dann geschluckt werden sollte. Das beste Nahrungsmittel für Säuglinge ist die Muttermilch. Für die meisten Kleinkinder und Kinder ist die Milch noch verträglich. Das muß allerdings nicht so sein. Unsere Tochter hat die Milch sehr gut vertragen, während unser Sohn schon als Kleinkind keine Milch und Milchprodukte vertragen hat. Selbst heute als Erwachsener meidet er Milch. Hingegen verträgt er die angesäuerten Milchprodukte, wie Kefir, Butter-, Dickmilch, Joghurt, Quark, und er ißt sie auch gerne. Viele Erwachsene und vor allem ältere Menschen vertragen oftmals die Vorzugs- bzw. Frischmilch nicht. Ich vermute, das ist auch der Grund, warum viele Ernährungsformen alle Milchprodukte strikt streichen. Dem kann ich nicht zustimmen. Bei der Trennkost handelt es sich nicht um eine kurzfristige Ernährungsweise, sondern um eine Dauerernährungsform. Meine Befürchtung bei der totalen Streichung aller Milchprodukte besteht darin, daß es zu einem Kalziummangel kommen wird und damit zur Entstehung der Osteoporose (Knochenbrüchigkeit). Die Unverträglichkeit der Voll- und Vorzugsmilch bei vielen Erwachsenen läßt sich damit erklären, daß mit zunehmendem Alter der Körper immer weniger das Enzym Laktase zur Verdauung des Milchzuckers produziert. In den angesäuerten Milchprodukten, wie Kefir, Buttermilch, Dickmilch, Joghurt und Quark, wird durch die Milchsäuregärung der Milchzucker aufgespalten. Dadurch sind die angesäuerten Milchprodukte für Erwachsene und vor allem für ältere Menschen besser verträglich als Voll- oder Vorzugsmilch. Das Kalzium, Eiweiß und die Vitamine erleiden durch die Milchsäuregärung keine Beeinträchtigung und stehen somit unserem Körper zur Verfügung.

Bei den angesäuerten Milchprodukten sollten Sie darauf achten, daß Sie diese pur verwenden. Das heißt ohne Zusätze, wie z. B. Zucker u. a. Der Fruchtjoghurt enthält immer konserviertes Obst, Zucker oder Süßstoff, Geschmacksverstärker. Der Obstanteil von maximal einer Erdbeere in einem Becherjoghurt ist außerdem verschwindend gering. Wie Sie in der Zwischenzeit wissen, führen diese Stoffe dazu, daß Ihr Körper übersäuert wird. Beim Appetit auf einen Fruchtjoghurt nehmen Sie einen Vollmilchjoghurt ohne Zusätze, geben Sie frisches Obst hinzu. Da wir alle eine viel zu hohe Süßschwelle haben, möchte ich Sie bitten, keinen Honig hinzuzugeben, sondern verwenden Sie, vor allem in der Anfangsphase, besonders süße Obstsorten (Birnen, Trauben u. a.). Jetzt haben Sie einen vollwertigen Joghurt, der Ihren Körper nicht übersäuert und Sie mit lebensnotwendigen Inhaltsstoffen versorgt. Das gleiche gilt für alle anderen angesäuerten Milchprodukte.

Verzichten Sie auf alle stark be- und verarbeiteten Nahrungsmittel. Hierzu zählen u. a. auch H-Milch, Dosenmilch, H-Sahne, Kaffeesahne.

Getränke

Damit die Nieren und die Haut ihre säureregulierende Funktion erfüllen können, ist es erforderlich, daß wir täglich zwei bis drei Liter Flüssigkeit trinken. Die meisten von uns trinken zu wenig, und wenn sie schon trinken, dann oft das Falsche. Es stellt sich die Frage, was sollen wir denn trinken? Um diese Frage zu klären, schauen wir uns die Getränke näher an.

Bohnenkaffee und Schwarztee

Sind reine Säurebildner und sollten von daher gar nicht oder aber zumindest stark eingeschränkt getrunken werden. Zudem regt der Bohnenkaffee die Nierentätigkeit an, und der Körper scheidet mehr Flüssigkeit aus, als zuvor getrunken wurde. Zu diesen Getränken zählt auch der Matetee.

Koffeinhaltige Limonadengetränke

Haben die gleiche Wirkung wie Bohnenkaffee. Bei diesen Getränken kommt erschwerend hinzu, daß sie zusätzlich noch Zucker und bei Light-Getränken Süßstoff enthalten. Auf die Wirksamkeit, besser Unwirksamkeit von Zucker und Süßstoff möchte ich hier nicht nochmals eingehen (s. Seite 53–60).

Obst- und Gemüsesäfte

Sollten pur möglichst gar nicht getrunken werden. Wenn überhaupt, dann nur sehr selten und unbedingt mit Wasser verdünnen.

Sehr schnell haben wir acht bis zehn Möhren oder acht bis zehn Orangen getrunken. Niemals würden wir in der gleichen Zeit die gleiche Menge an Gemüse oder Obst verzehren. Beim Safttrinken überfordern wir unsere Verdauungsorgane mit der geballten Ladung an Fruchtsäure. Vor allem in Anbetracht der Tatsache, daß bei den Säften die Ballaststoffe fehlen. Somit kann der Fruchtsäureüberschuß im Magen nicht abgepuffert, d. h. kompensiert, werden. Dies trifft auch bei frisch ausgepreßten Säften zu. Bei den erhitzten Säften fehlen durch das Erhitzen (Haltbarmachung) die Vitamine und Mineralien.

Ganz anders sind Frucht- und Obstsäfte während des Fastens zu bewerten, da es sich hierbei um frisch gepreßte, nicht erhitzte Säfte handelt. Sie enthalten in dieser Form Mineralien und Vitamine und sorgen während des Fastens für die Versorgung mit Nährstoffen. Aber auch hier gilt, den Saft mit Wasser zu verdünnen. Schlückchenweise einspeicheln und dann erst schlucken, damit der Magen nicht »überschwemmt« wird. An dieser Stelle möchte ich darauf hinweisen, daß das Fasten nicht auf eigene Faust, sondern nur unter fachlicher Anleitung erfolgen sollte.

Fruchtsaftgetränke, Fruchtnektar und Limonaden

Sollten Sie ebenfalls meiden. Der Fruchtanteil ist wie bei den im Handel üblichen Obstsäften erhitzt und damit ohne Inhaltsstoffe. Diese Getränke sind stark mit Wasser verdünnt, so daß der Fruchtanteil sehr gering ist. Zusätzlich kommen diese Getränke dem überhöhten Süßbedürfnis der meisten Verbraucher entgegen, es wurden große Mengen an Zucker und bei den Light-Produkten an Süßstoff zugesetzt. Nahrungsmittelzusatzstoffe, wie Aromastoffe u. a., sind in diesen Getränken ebenfalls enthalten.

Alkoholische Getränke

Sind in der Trennkost nicht grundsätzlich verboten. Sie sollten jedoch nur in geringen Mengen genossen werden. Beim wirklichen Genießen besteht kaum die Gefahr, daß zuviel getrunken wird. Auch wenn in den Medien immer wieder Berichte erscheinen, daß zur Gesunderhaltung täglich ein Mindestmaß an Alkohol getrunken werden sollte, kann ich mich dieser Meinung beim besten Willen nicht anschließen.

Durch all die zuvor genannten Getränke können stoffwechselbedingte Unpäßlichkeiten, wie Magen- und Darmprobleme, ausgelöst werden. Sollten Sie solche haben, reflektieren Sie Ihre Trinkgewohnheiten und verändern Sie diese.

Mineralwasser

Kann sowohl kohlensäurehaltig als auch reduziert oder ganz frei von Kohlensäure sein. Ich persönlich bevorzuge kohlensäurereduziertes, natriumarmes Mineralwasser.
Hier gibt es bei der Mengenangabe keine Begrenzung.

Kräuter- und Früchtetees

Sie dürfen ohne Schwarzteezusatz ebenso wie Mineralwasser in unbegrenzter Menge getrunken werden. Bei Kräuter- und Früchtetees steht uns eine reichhaltige Palette von herb bis süßlich zur Verfügung. Seien Sie neugierig. Kaufen Sie immer nur kleine Portionen, bis Sie ihre Lieblingsteesorten gefunden haben, dann können Sie auch größere Mengen kaufen.
Es versteht sich für mich von selbst, daß diese Tees ohne Zusatz von Zucker, Süßstoff und Honig getrunken werden sollten.

Denken Sie daran: Durch das Trinken sollen wir unseren Durst löschen, nicht den Nährstoffbedarf abdecken. Um diesem gerecht zu werden, sollen wir essen, und das bedeutet – KAUEN!

Ballaststoffe

sind die unverdaulichen Bestandteile pflanzlicher Nahrung. Zellulose, Hemizellulose und Lignin sind vor allem im Getreide und Gemüse, Pektin ist vor allem im Obst vorhanden.

Ob wir uns rundum wohl fühlen und energiegeladen, beschwingt den Tag genießen können, hängt vor allem von einer ballaststoffreichen Ernährungsweise ab.

Begeben wir uns mit den Ballaststoffen auf die Verdauungsreise:

Bereits **im Mund** regt ballaststoffreiche Ernährung, wie Obst, Gemüse und Vollkorngetreide, zum Kauen an. Dadurch sind die Speisen besser für die Verdauung vorbereitet. Bedingt durch den längeren Kauprozeß, erhält unser Zahnfleisch eine zusätzliche Massage, diese trägt zum Zahnerhalt bei. Beim Kauen von rohem Gemüse oder Obst kann es in der Anfangszeit zu Zahnfleischbluten kommen. Lassen Sie sich davon nicht irritieren. Wenn Ihr Zahnfleisch weiterhin massiert wird, kräftigt sich dieses, und nach ein bis zwei Wochen hört das Zahnfleischbluten auf. Es ist ähnlich wie bei untrainierten Muskeln, die zu Beginn der körperlicher Aktivität sich mit Muskelkater bemerkbar machen. Das bringt uns zu der Erkenntnis, daß es höchste Zeit ist, etwas für die Stärkung unserer Muskeln zu tun. Mit der Stärkung des Zahnfleisches verhält es sich ähnlich wie mit den Muskeln.

Durch eine ballaststoffarme Ernährung wird **im Magen** verstärkt die Produktion der Magensäure angeregt. Überschüssige Magensäure löst bei vielen Menschen Hungergefühle aus. Zusätzlich ist überschüssige Magensäure an der Entstehung von Magenschleimhautentzündungen und Magengeschwüren beteiligt.

Eine ballaststoffreiche Nahrung hingegen bindet im Magen die überschüssige Magensäure. Durch das große Quellvermögen des ballaststoffreichen Nahrungsbreis wird im Magen Flüssigkeit gebunden. Dies verlängert die Verweildauer des Speisebreis im Magen. Die Folge: Das Sättigungsgefühl hält länger an.

Im Darm bindet der ballaststoffreiche Speisebrei ebenfalls Flüssigkeit. Das Speisebreivolumen vergrößert sich auf das Drei- bis Fünffache. Dadurch wird die Darmfunktion aktiviert. Dies führt zur verkürzten Passagezeit im Darm. Die großen, weichen Stühle werden rasch und problemlos abgesetzt. Bei der üblichen Minderkost, d. h. bei der ballaststoffarmen Ernährungsweise, kann dies bis zu 72 Stunden dauern. Bei der Trennkost dauert dies ca. 24 Stunden.

Durch die Stuhlverstopfung kann es zu Kopfschmerzen, Blähungen, Müdigkeit, Antriebsschwäche und Unlust kommen. Bei einer ballaststoffreichen Ernährung werden zur Darmentleerung keine Abführmittel benötigt. Abführmittel sind immer eine Symptombehandlung, niemals eine Ursachenbehandlung. Bei allen Beschwerden sollte zuerst die Ursache geklärt und dort auch mit der Therapie angesetzt werden. Die Symptombehandlung bringt selten eine befriedigende, dauerhafte Lösung. Für die meisten erscheint es zwar einfacher, dem Symptom der Stuhlverstopfung in Form von Abführmitteln zu begegnen, als die Ernährungsweise umzustellen. Dieses Verhalten kann auf Dauer fatale Folgen mit sich bringen, da durch Abführmittel verstärkt Mineralien ausgeschieden werden und die Darmflora angegriffen wird. Der erhöhte Mineralienverlust führt zu müden, schweren Beinen, Wadenkrämpfen und rascher Erschöpfung, was sich besonders bei körperlicher Tätigkeit, wie z. B. beim Sport, bemerkbar macht.

Stellen Sie Ihre Ernährungsweise auf eine ballaststoffreiche um, damit Sie auf Abführmittel jeglicher Art in Zukunft verzichten können. Denn unser gesundheitliches Schicksal, unser Wohlbefinden, ist in erster Linie von einem gesunden Darmmilieu abhängig.

Arterienverkalkung und deren Folgeerkrankungen, wie Durchblutungsstörungen, Herzinfarkt, Schlaganfall gehen mit erhöhten Blutfettwerten einher. Einer der bekanntesten ist der erhöhte Cholesterinspiegel. Daß ein erhöhter Cholesterinspiegel mit einer zu hohen Fettaufnahme in Zusammenhang steht, ist in der Zwischenzeit allgemein bekannt. Daß er aber auch in Zusammenhang mit der weitverbreiteten Minderkost, d. h. ballaststoffarmen Ernährungsweise (z. B. Süßigkeiten, Fleisch und Eier), verbunden ist, wissen viele nicht. Sicher müssen wir zur Senkung eines erhöhten Cholesterinspiegels sparsam mit den Fetten umgehen und auf qualitativ hochwertige Fette achten. Nicht unberücksichtigt sollte die Tatsache bleiben, daß mit einer vollwertigen und damit ballaststoffreichen Ernährung der Cholesterinspiegel auf natürliche Weise gesenkt werden kann. Von der Leber werden über die Gallenblase an den Darm freie Gallensäuren abgegeben. Diese binden sich im Darm an die Ballaststoffe und werden auf natürliche Weise mit dem Stuhl aus dem Körper entfernt. Es gehen wesentlich weniger freie Gallensäuren durch die Darmwand und Pfortader zur Leber zurück. In der Leber werden aus der Vorstufe des Cholesterins neue Gallensäuren gebildet. Dadurch verlangsamt sich die Neusynthese an Cholesterin, und somit wird weniger Cholesterin an das Blut abgegeben. Dies führt zur Senkung des Cholesterinspiegels im Blut.

Bei einer ballaststoffreichen Ernährung wird im Darm die Stärke langsam zu Zucker umgewandelt. Über die Darmwandzotten wird diese Energie nur langsam an das Blut weitergegeben. Große Schwankungen des Blutzuckerspiegels treten damit nicht auf. Heißhungeranfälle entfallen, und das

Sättigungsgefühl hält länger an. Die Folge: Es wird weniger Nahrung aufgenommen und dadurch die Gewichtsreduktion vereinfacht.

Eine ballaststoffreiche Ernährungsweise aus Obst, Gemüse und Vollkorngetreide enthält einen hohen Anteil an essentiellen Inhaltsstoffen, wie Vitamine, Mineralien, Aminosäuren, Linolsäure und Ballaststoffen, bei einer gleichzeitigen, im Vergleich zu anderen Nahrungsmitteln geringen Kalorienzahl. Einen einfacheren Weg zur Gewichtsreduktion als über den Weg der ballaststoffreichen Ernährungsweise gibt es nicht.

Bedingt durch die Tatsache, daß Ihr Körper mit einer ballaststoffreichen Ernährung mit allen essentiellen Nahrungsinhaltsstoffen versorgt wird, fühlen Sie sich während der Gewichtsabnahme frisch und vital. Das anschließende dauerhafte Gewichthalten, was für viele Abnahmewillige ein großes Problem ist, wird mit einer vollwertigen Trennkost keins mehr sein.

Bei der Umstellung auf eine ballaststoffreiche Ernährung kann es in der Umstellungsphase (in den ersten zwei bis drei Wochen) zu leichten Unpäßlichkeiten wie Stuhlverstopfung kommen.
Evtl. muß sich Ihr Magen-Darm-Trakt an die geballte Ladung von Ballaststoffen erst gewöhnen. Lassen Sie ihm zwei bis drei Wochen Zeit. Werfen Sie die Flinte nicht ins Korn, geben Sie nicht auf.
Ich empfehle Ihnen: Beginnen Sie in der ersten Woche damit, verstärkt Salat zu essen. In der nächsten Woche können Sie mehr Gemüse und Obst hinzunehmen. In der dritten Woche dann Vollkornprodukte.
So werden Sie die Ernährungsumstellung problemlos bewältigen.

Selbstbestimmung

Durch meine Seminare weiß ich, wie schwer es vor allem Menschen mit Ernährungs- und Gewichtsproblemen fällt, ihre Bedürfnisse wahrzunehmen und zu artikulieren. Ihr Leben selbst zu bestimmen.

Ein typisches Beispiel: Sie sind bei der Lieblingstante eingeladen. Es gibt ein wunderbares Essen, und es schmeckt wie immer phantastisch. Sie hatten sich vorgenommen, nicht mehr den Bauch zu überladen, sondern das Essen zu genießen, und wenn Sie sich satt fühlen, mit dem Essen aufzuhören. Alle haben genügend zu essen gehabt, und es wäre an der Zeit, den Tisch abzuräumen. Die Tante fordert Sie auf, sie sollen doch noch eine Portion essen. Sie bedanken sich und sagen, wie gut es geschmeckt hat und daß sie satt seien. Die Tante meint es gut: »Ach, iß doch noch ein bißchen, morgen kannst du wieder weniger essen. All die Mühe habe ich mir vor allem für dich gemacht, weil ich weiß, daß es dein Lieblingsgericht ist.«

Spätestens jetzt kippen jene um, die bisher nicht gelernt haben, über sich, ihren Körper und ihr Leben selbst zu bestimmen. Obwohl sie nichts mehr essen wollen – es war wunderbar, sie sind satt –, stellen sie ihre Bedürfnisse der guten Tante zuliebe hintan und essen *wider ihren Willen* weiter.

Dieser Vorgang, daß ich es zulasse, fremdbestimmt zu leben, wiederholt sich für die Betroffenen immer wieder. Über Jahre, oft Jahrzehnte hinweg, nagt dieses Verhalten am Selbstwertgefühl und löst Frust aus. Nicht selten wird in dieser anscheinend ausweglosen Situation der Frust mit Essen und, wen wundert es, mit Minderkost in Form von Bonbons, Keksen oder Schokolade befriedigt. Sie sitzen in der Falle, und genau so beschreiben die TeilnehmerInnen auch diese Situation. Sie fühlen sich leer, ausgebrannt. Sie haben nicht das Gefühl, als Akteur an ihrem Leben beteiligt zu sein. Das Leben fließt wie ein Fluß an ihnen vorbei, und sie stehen am Ufer und schauen nur gelangweilt zu, anstatt mit dem Strom des Lebens zu schwimmen.

Möchten Sie, daß Ihr Leben an Ihnen vorbeifließt, ohne daß Sie daran teilnehmen? Nein!

Dann wird es Zeit, daß Sie Ihr Leben eigenverantwortlich in die Hand nehmen. Daß Sie sich darüber klar werden, was Ihre Ziele im Leben sind, was Sie erreichen möchten. Wenn Ihnen dies klar ist, wird es unvermeidlich sein, daß Sie Ihre Bedürfnisse klar artikulieren und NEIN sagen lernen.

Der erste Schritt besteht darin, für mich selbst wahrzunehmen: Was will ich? Was ist mein Ziel? Wenn Ihnen das klar ist, dann beginnen Sie mit dem nächsten Schritt, zu lernen, zu sich selbst Nein zu sagen.

Gelegenheiten bieten sich uns täglich mehrere.

Z. B. ist Ihr Ziel, Ihrem Wohlbefinden zuliebe Ihre Ernährungsweise umzustellen und gleichzeitig dabei einige Kilo an Körpergewicht zu reduzieren. Zum Beginn dieser Ernährungsumstellung werden gelegentlich Gelüste nach Speisen auftauchen, die Sie gar nicht mehr essen wollen. Um Ihr Ziel zu erreichen, werden Sie sich fragen müssen, was ist los? Will ich das wirklich essen, oder entsteht das Verlangen aus alter Gewohnheit, weil ich bisher immer in dieser Situation dieses oder jenes gegessen habe?

Wenn Sie sich über Ihr Ziel bewußt geworden sind, wird Ihre Antwort selbstverständlich NEIN sein. Je öfter Sie dies trainieren, desto sicherer werden Sie beim Nein verbleiben.

Gleichzeitig werden Sie die Beobachtung machen, wie Ihr Selbstwertgefühl steigt.

Durch das gestärkte Selbstwertgefühl haben Sie die Möglichkeit, auch nach außen hin Ihre Bedürfnisse klar zu formulieren und Ihr NEIN selbstbewußt zu vertreten. Und jedes Mal werden Sie die Beobachtung machen, daß immer häufiger Ihre Bedürfnisse berücksichtigt werden.

Es ist und bleibt eine natürliche menschliche Reaktion, wenn wir merken, der andere ist nicht überzeugt von dem, was er sagt, daß wir ihn mit wenigen Sätzen von seinem Vorhaben abbringen.

Bevor Mißverständnisse auftreten, möchte ich eins klarstellen: Mit Rücksichtslosigkeit und grenzenlosem Egoismus hat Selbstbestimmung nichts zu tun.

Es kann jedoch auch nicht so sein, daß ich mein Leben erhalten habe, damit ich es so lebe, wie andere es von mir erwarten oder wie ich glaube, daß sie es erwarten.

Haben Sie Mut, und bestimmen Sie Ihr Leben selbst.

Praktische Anwendung
der Trennkost

Bedenken Sie, Ihre Schönheit, Ihr körperliches, seelisches und geistiges Wohlbefinden sind davon abhängig, daß sie ausreichend trinken. Trinken Sie morgens nach dem Aufstehen, aber bitte im Sitzen, der Tag wird für Sie ohnehin noch hektisch genug werden, z. B. eine größere Menge Mineralwasser.

Mit etwas Planung können auch »Keine-Zeit-Menschen« die Trennkost wunderbar in ihren Alltag integrieren. Wie Sie ja wissen, nichts im Leben ist umsonst, alles hat seinen Preis.
Habe ich Sie jetzt erschreckt? Diese Tatsache ist Ihnen doch sicher bekannt. Warum sollte es bei unserer Ernährung anders sein?
Bei dieser Formulierung denken viele immer nur daran, daß sie etwas geben sollen, und das löst nicht selten Ängste aus. Nie in unserem Leben, ob beim Sport, Beruf oder privat, investieren wir ohne Gewinn. Ganz sicher ist aber, **wer nicht** mit Freuden **investiert,** wird leer ausgehen.

Wollen Sie das? Leer ausgehen?

Dann investieren Sie bei Ihrer Ernährung etwas Zeit.

Und nun zur **praktischen Anwendung:**

- Achten Sie darauf, daß sie immer frisches Obst, Gemüse und Salat zu Hause haben. Kaufen Sie abwechslungsreich ein.
- Im Tiefkühler sollten immer einige Packungen tiefgefrorenes Gemüse vorhanden sein. Es können Großpackungen sein.

- Wenn Sie kochen, bereiten Sie immer eine doppelte Mahlzeit zu, vor dem Essen frieren Sie bitte eine Portion ein. So haben Sie die Möglichkeit, einen Vorrat an »Trennkost-Fertiggerichten« anzulegen. Es gibt immer wieder Tage, an denen wir morgens schon wissen, daß es zeitlich eng wird. An solchen Tagen werden Sie sich weder mittags noch abends hinstellen und Salat sowie Gemüse putzen, waschen und dann auch noch zubereiten.
- Wenn Sie Getreide kochen, z. B. Reis, Grünkern, dann ist es vom Arbeitsaufwand her egal, ob sie 50 g kochen oder 250 g. So haben sie schon vier Getreideportionen zum Einfrieren.
- Nudeln würde ich Ihnen empfehlen, möglichst immer frisch zu kochen. Tiefgefroren sind sie nicht der Hit. Es sei denn als Ihr »Fertiggericht mit Soße«. Aber bitte, vergessen Sie nicht, die Behältnisse mit den Nahrungsmitteln zu beschriften. Auch wenn Sie jetzt noch zu wissen glauben, was in dem Behälter ist. Nach einigen Tagen und erst recht nach zwei bis drei Wochen wissen Sie es mit Sicherheit nicht mehr.
- Das gleiche gilt bei der Zubereitung von Fleisch. Ob Sie ein Pfund Braten zubereiten oder zwei Hähnchenkeulen grillen, ist die gleiche Arbeit, als wenn Sie gleich ein bis zwei Kilogramm Braten und acht bis zehn Hähnchenkeulen grillen (so viele eben auf Ihrem Grillrost Platz haben). Aber Sie haben Vorrat. Den Braten am besten mit einem Portionierer, gibt es im Handel, in Scheiben schneiden und mit etwas Soße einzeln einfrieren. Die Hähnchenkeulen einzeln einfrieren, nach ca. einer Stunde zusammen in eine Tüte geben. So lassen Sie sich später besser einzeln herausnehmen. Nehmen Sie bei Bedarf am Abend zuvor oder am Morgen Ihr »Fertiggericht« aus dem Tiefkühler heraus und stellen Sie es zum Auftauen in den Kühlschrank. Denn sollte im Laufe des Tages, an dem Sie »Ihr Gericht« essen wollten, wie es bei »Keine-Zeit-Menschen« immer wieder der Fall ist, etwas dazwischenkommen, so kann das Ge-

richt noch einen weiteren Tag im Kühlschrank stehen bleiben.

- Gehen Sie nicht aus dem Haus, ohne daß Ihr Salat gewaschen, geputzt und geschleudert im Kühlschrank steht.
- Für Notfälle kann die Salatgurke die Rettung der Frischkost sein.
- Bereiten Sie eine Salatsoße für mehrere Tage zu und stellen Sie diese ebenfalls in den Kühlschrank. So haben Sie in Verbindung mit dem geputzten, gewaschenen, geschleuderten Salat rasch eine Portion zubereitet. Dies ist vor allen Dingen dann wichtig, wenn Sie hungrig nach Hause kommen. Dann werden Sie nicht wahllos im Kühl- oder Vorratsschrank nach allem Eßbaren greifen und diese Nahrungsmittel hinunterschlingen.
- Den vorbereiteten Salat brauchen Sie nur noch zu zerkleinern, zwei Eßlöffel Salatsoße je Person darübergeben, mischen, fertig.
  Guten Appetit!
- Es ist empfehlenswert, einen Vorrat an Knäckebrot zu Hause zu haben. Vollkorntoastbrot in der Packung einfrieren. Die Toastbrotscheiben lassen sich einzeln mit dem Messer lösen, ab in den Toaster, und fertig ist das Brot. Ebenso funktioniert dies mit dem Vollkornbrot. Das Brot zu Hause in Scheiben schneiden und etwas auseinandergelegt einfrieren, später die Scheiben zusammentun und die Tüte oder den Behälter schließen.
- Achten Sie darauf, daß beim »Trennen« Ihre tägliche Ernährung zu 70–80 % aus Obst, Gemüse und Salat besteht. Allein schon aufgrund dieser Tatsache ist die Trennkost ideal für »Keine-Zeit-Menschen«. Obst hat den Vorteil, daß es transportierbar ist und daß es unterwegs ohne Umstände überall gegessen werden kann. Bei vielen Gemüsesorten sieht es ähnlich günstig aus wie z.B. bei Möhren, Kohlrabi und anderen Sorten. Zu Hause mit der Gemüsebürste unter fließendem Wasser waschen oder schälen, in einer Tüte oder in einem Behälter läßt es sich

überall mit hinnehmen und unterwegs verzehren, egal ob im Auto, Zug oder sonstwo.

- Im Gegensatz zu den sonst üblichen »Snacks«, bei denen es sich fast immer um Minderkost handelt, leisten Sie mit einem »Snack« in Obst- oder Gemüseform einen aktiven Beitrag zur Wiedergewinnung bzw. Stabilisierung Ihrer Vitalität.
- Bei »Gemüsesnacks« können Sie gar nichts falsch machen.
- Beim »Obstsnack«, *ausgenommen Bananen, Datteln und Feigen,* müssen Sie berücksichtigen, daß sie mindestens eine dreistündige Pause vor und nach der Kohlenhydrat-mahlzeit einhalten.
- Nehmen Sie einen »Obstsnack« in Form von Bananen, Datteln oder Feigen ein, so gilt hier die dreistündige Pause *vor und nach* der Eiweißmahlzeit!
- Bedingt durch die Tatsache, daß Obst und Gemüse gekaut werden muß, besteht die Gefahr der Überernährung nicht, zumal Sie täglich 70–80 % davon essen sollen. Besser noch – **essen dürfen.**

Mit dieser Art von »Snacks« unterstützen Sie nicht nur Ihre Vitalität, nein, Sie leisten einen Beitrag zu Ihrer Schönheit.

Essen bei der Arbeit außer Haus

Mit Kantinenversorgung

Es besteht in vielen Betrieben die Möglichkeit, in der Kantine zu essen. In einigen wenigen Kantinen werden u. a. Trennkostgerichte angeboten. Die Chefs haben in der Zwischenzeit erkannt, wie wunderbar es ist, wenn die Mitarbeiter nach dem Mittagessen nicht müde und lustlos in den »Seilen« hängen, sondern aktiv, gestärkt und kreativ wieder an die Arbeit gehen. Welch ein Segen für Mitarbeiter und die Firmen. Es sollten alle Chefs vier Wochen auf eine trennköstliche Ernährungsweise gesetzt werden, auch die Personalchefs.
Was glauben Sie, wie erfreulich sich das Ernährungsangebot verbessern würde. Zumal die Kosten für eine Trennkosternährung nicht höher sind als für die sonst üblich angebotene Ernährung.

Haben Sie das Glück, daß in Ihrer Kantine Trennkost angeboten wird? Wunderbar, meinen Glückwunsch!
Dann fällt Ihnen die Entscheidung, was Sie essen, sicherlich leicht.

Ist dies nicht der Fall, so werden Sie rasch lernen, kreativ mit der Trennkost umzugehen. In den Kantinen besteht überwiegend die Möglichkeit, zwischen mehreren Gerichten auszuwählen. Es gibt fast immer Fleischgerichte, vegetarische Gerichte und ein Salatbuffet.
Die meisten vegetarischen Gerichte sind für Trennköstler nicht geeignet. Zum einen triefen sie häufig von Fett, zum anderen werden oft Eier und Käse mitverarbeitet. In Verbindung mit Kohlenhydraten, Getreide und Kartoffeln entsprechen diese Gerichte nicht der Trennkost.

Bei den Eiweißgerichten bitten Sie darum, daß Sie die Beilagen in Form von Kohlenhydraten (Kartoffeln, Nudeln, Reis) nicht haben möchten, auch keine Fleischsoße, jedoch dafür eine größere Salat- oder Gemüseportion. Sollte das Fleisch in der Soße liegen, so ist dies nicht dramatisch. Streichen Sie mit dem Messer die Soße von dem Fleisch herunter. Die dann noch geringe Spur an Soße ist nicht so gravierend. Die meisten Fleischsoßen sind mit Mehl gebunden, deshalb sollten wir möglichst darauf verzichten. Auch beim Salatbuffet sollten Sie zuvor entscheiden, soll es eine Kohlenhydrat- oder eine Eiweißmahlzeit sein. Danach richtet sich, was Sie an Salatsorten (Nudel-, Kartoffel-, Reissalat) auswählen.

Ohne Kantinenversorgung

Es gibt viele Arbeitsplätze, an denen keine Kantine zur Verfügung steht oder Sie diese nicht in Anspruch nehmen möchten. In beiden Fällen haben Sie die Möglichkeit der Selbstversorgung.

Besteht an Ihrem Arbeitsplatz die Möglichkeit, ein Essen zu erhitzen, so stehen Ihnen mehrere Möglichkeiten zur Verfügung, Ihr Essen zu gestalten. Sie können den Salat gewaschen, geputzt, geschleudert in einer Schale und die Salatsoße, getrennt in einem Behältnis, mitnehmen. Ferner nehmen Sie Ihr »Fertiggericht« mit. Bei Bedarf den Salat klein rupfen, die Salatsoße hinzugeben und alles miteinander vermischen. Sollte Ihnen das zuviel Umstand sein, so nehmen Sie rohes Gemüse als Vorspeise bzw. Frischkost mit. Ihr »Fertiggericht« brauchen Sie in der Pause nur zu erhitzen. Vorweg essen Sie Ihren Salat oder Ihre sonstige Rohkost. Hierbei geht es um die Ballaststoffe in unerhitzter Form. Die Salatsoße selbst ist nicht so wichtig. Essen Sie eine Eiweißmahlzeit, dann kann es vor der warmen Mahlzeit auch rohes Obst aus der Eiweißliste sein.

Haben Sie nicht die Möglichkeit, das Essen zu erhitzen, so nehmen Sie die kalte Mahlzeit mit zur Arbeit, und die warme Mahlzeit verzehren Sie zu Hause. Es besteht die Möglichkeit, einen Salat vorbereitet als Hauptmahlzeit mitzunehmen oder rohes Gemüse und ein belegtes Brot/Brötchen.

Möchten Sie Ihren Salat selbst variieren, nehmen Sie den Blattsalat, das Gemüse gewaschen, geschleudert und zerkleinert mit zur Arbeit. Möhren, Zucchini, Radieschen, Sellerie oder sonstige Gemüsearten sorgen für Abwechslung. Zusätzlich können Sie z. B. bei einer Eiweißmahlzeit Zutaten aus der Eiweißliste oder der kombinierbaren Liste, wie ein hartgekochtes Ei, Käse, Wurst, Würstchen, Schinken, Avocado dazugeben. Bei der Kohlenhydratmahlzeit können Nahrungsmittel aus der Kohlenhydratliste oder aus der kombinierbaren Liste, wie Hüttenkäse, Schafskäse, Brötchen dazu gegessen werden. Mit der Portionsmenge von Salat und Gemüse dürfen Sie großzügig verfahren.

Hingegen sind bei den anderen Zutaten Portionsgrößen (s. Seite 42) zu berücksichtigen.

Die Salatsoße nehmen Sie bitte getrennt von Salat und Gemüse mit, entweder zur Eiweiß- oder Kohlenhydratmahlzeit passend. Die kombinierbaren Salatsoßen können Sie zur Eiweiß- und Kohlenhydratmahlzeit nehmen.

Für Menschen, die im **Nachtdienst** arbeiten, verschieben sich die Mahlzeiten.

Nach dem Schlaf = Frühstück,
4–5 Stunden später = Mittagessen,
4–5 Stunden später = Abendessen.

Geschäftsessen, Essen im Restaurant

Eine nicht unerhebliche Zahl von Menschen müssen öfter, manche sehr oft aus beruflichen Gründen im Restaurant essen. Von diesen Seminarteilnehmern höre ich immer: Gerne würde ich mich gesünder ernähren, aber das geht nicht. Ich habe viele Verpflichtungen, so daß ich sehr häufig im Restaurant essen muß.

Ja, um Himmels willen, das ist doch kein Problem.

Sehen Sie die Vorteile, daß Sie das Vergnügen haben, essen gehen zu dürfen. Ich kenne in meiner langjährigen Trennkosterfahrung kein Gasthaus, kein Restaurant, in dem ich nicht nach Trennkost speisen kann. Immer vorausgesetzt – **ich** möchte trennen. Vertrauen Sie mir. Wenn ich das kann, dann können Sie es auch – wenn Sie wollen!

Wir müssen mit den WirtenInnen oder dem KellnerIn sprechen. Diese können nicht ahnen, wie unsere Wünsche sind. Äußern müssen wir uns schon.

Als Vorspeise wählen Sie einen Salatteller.

Wenn Sie eine Eiweißmahlzeit wählen, und beim Geschäftsessen läuft es sehr oft darauf hinaus, wählen Sie als Hauptgericht Fleisch oder Fisch, jeweils mit Gemüse. Die kohlenhydrathaltigen Beilagen bestellen Sie am besten gleich ab und bitten um einen größeren Salatteller als Vorspeise oder um eine größere Gemüseportion.

Als Nachspeise könnten Sie eine kleine Käseportion oder frisches Obst wählen. Es dürfte auch ein Cappuccino sein. Sagen Sie aber dem Kellner/der Kellnerin: Bitte ohne Zucker und Kakaopulver.

Wenn Sie vegetarische Speisen bevorzugen, wählen Sie zuerst als Vorspeise einen Salat. Dann eine größere Portion Gemüse mit kleinen Portionen an Reis, Nudeln oder Kartoffeln.
Auf Pommes frites sollten Sie verzichten, da diese meist sehr fetthaltig sind.

Getränke

Zwanzig Minuten vor und nach dem Essen sollten Sie nichts trinken. Nun ist dies in diesem Rahmen aber nicht immer möglich. Bleiben Sie flexibel. Läßt sich das Trinken nicht vermeiden, oder wollen Sie in diesem Rahmen nicht darauf verzichten, so könnten Sie vor der **Eiweißmahlzeit** als Aperitif einen Sekt trinken. Zur Hauptmahlzeit einen trockenen Weiß- oder Rotwein.
Zur Kohlenhydratmahlzeit dürften Sie ein Bier trinken.

Wird kein Alkohol gewünscht, so trinken Sie Mineralwasser. Ich persönlich hasse eisgekühltes Mineralwasser. Das kann die Bedienung aber nun wirklich nicht ahnen. Deshalb sage ich bei der Bestellung meine Wünsche. Sie als Erfolgsmensch sind es ja gewöhnt, klar und deutlich zu formulieren, was sie haben möchten.

Reisen mit der Bahn

Da ich relativ häufig beruflich mit der Bahn unterwegs sein darf, kenne ich die Probleme der »gesunden« Ernährung unterwegs. Es handelt sich fast ausschließlich um Minderkost. Ich reise nie mit der Bahn, ohne ein bis zwei große Flaschen Mineralwasser mitzunehmen. Die leeren Flaschen lassen sich leicht entsorgen. Bin ich mehrere Tage unterwegs, so kann ich problemlos unterwegs für Ersatz sorgen. Eine Kanne Tee unterwegs, was auch nicht schlecht wäre, hätte zur Folge, daß ich die leere Kanne mit mir herumtragen muß, was ich als unangenehm empfinde. Für den Hunger unterwegs nehme ich frisches Obst und Gemüse mit. Als ehemalige »Zuckersüchtige« bin ich immer noch ein Fan von Kohlenhydraten. Karotten, die bestens transportierbar und vom Gewicht her leicht sind sowie wenig Platz wegnehmen, sind meine idealen Reisebegleiter. Mitunter nehme ich auch ein Brot oder Brötchen, belegt mit Salatblättern, Salatgurkenscheiben oder Tomatenscheiben, rohem oder geräuchertem Fisch, geräuchertem Schinken oder Käse aus der kombinierbaren Nahrungsmittelliste mit.

Beim Verzehr von rohem Gemüse gibt es nichts zu beachten. Beim Obst muß eine dreistündige Pause vor und nach dem kohlenhydrathaltigen Essen eingehalten werden.

Dies gilt nicht für Bananen, Datteln und Feigen!

Mit dem Auto

Für das Reisen mit dem Auto gilt das gleiche wie mit der Bahn. Hier haben wir allerdings einen erfreulichen Vorteil gegenüber der Bahnreise. Da wir alles in das Auto packen können und nicht selbst tragen müssen, können wir mehr an Getränken und Obst mitnehmen.

Mit dem Flugzeug

Bei Reisen mit dem Flugzeug, egal wie lange die Reise dauert, habe ich immer den Eindruck, der Gast muß beschäftigt werden. Da dies im Sitzen geschehen muß, werden wir mit Eßbarem beschäftigt. Auch wenn wir nur eine Stunde unterwegs sind, werden wir »versorgt«. Ob die Flugzeuggesellschaften Angst haben, wir überstehen ohne Essen den Flug nicht?

Bei kürzeren Flügen ist es in der Tat nicht ganz einfach.

Wählen Sie aus. Sie sind nicht verpflichtet, was Ihnen serviert wird, zu essen oder gar aufzuessen.

In der Business-Class haben Sie die Möglichkeit, ein »Gatebuffet« zu wählen. Dies beinhaltet frisches Obst und Joghurt.

In der First-Class haben Sie mit Trennkost gar keine Sorgen, denn Sie essen à la carte und dürfen wählen, was Sie essen möchten.

Auf Langstreckenflügen bieten alle größeren Fluggesellschaften einen gewissen Luxus an. Sie haben die Möglichkeit, Ihr Essen vorher auszuwählen. Selbst in der Economy-Class können Sie trennkostgerecht fliegen.

Einzige Bedingung: Spätestens 24 Stunden vor dem Abflug müssen Sie bei der Fluggesellschaft Ihre Wünsche geäußert haben.

Essen **im Urlaub** ist sicherlich die einfachste aller Übungen. Egal, ob Sie sich ganz oder teilweise selbst versorgen oder versorgt werden.

Werden Sie teilweise versorgt, d. h., gehen Sie abends zum Essen, dann gelten die Regeln wie beim Essen im Restaurant. Wird im Hotel Trennkost angeboten, sind die Mahlzeiten kein Problem.

Wird keine Trennkost angeboten, sehe ich allerdings auch keine Schwierigkeiten. Es gelten die gleichen Spielregeln wie im Restaurant. Nur ist hier meist das Angebot größer, da Frühstück, Salate und oft auch warme Speisen in Buffetform angeboten werden. Genießen Sie Ihre Ferien, machen Sie sich einen Sport daraus, wählen Sie trennköstlich nach Lust und Laune aus.

Selbst in Wanderhütten besteht die Möglichkeit, sich trennkostgerecht zu ernähren.

Versorgen Sie sich selbst, gelten die gleichen Regeln wie zu Hause.

So kehren Sie munter und vital aus dem Urlaub zurück, ohne daß der Hosen- oder Rockbund kneift.

Essen bei Einladungen

Erscheint am Anfang eines trennköstlichen Lebens etwas schwieriger.

Hier haben Sie zwei Möglichkeiten. Zum einen keine Einladungen mehr anzunehmen und auch keine Einladung mehr auszusprechen. Ich weiß, das ist die ungünstigste Variante.

Bei Seminarteilnehmern erlebe ich immer wieder, wie diese Überlegungen ins Spiel kommen.

Lassen Sie es sein. Trennkost heißt nicht, verbissen durch das Leben zu gehen, sondern fröhlich den Tag mit den anderen zu genießen.

Zum anderen besteht bei allen Einladungen die Möglichkeit des Trennens. Maximal zwei- bis dreimal im Jahr gibt es Einladungen, bei denen nicht getrennt werden kann. Das ist auch der Grund, warum ich immer, bevor wir zu einer Einladung gehen, zwei bis drei Möhren knabbere. Ich weiß nie, was es zu essen gibt; kann ich trennen oder nicht. Gibt es keinen Salat vorweg, was mitunter auch vorkommt, so habe ich meine Portion Ballaststoffe in roher Form schon zu mir genommen. Gibt es ein Essen, das ich nicht trennen kann, so bin ich nicht ausgehungert, und mir reicht eine kleine Portion.

Sich gesund und bewußt ernähren, dazu sage ich uneingeschränkt JA! Eine Religion daraus zu machen, dazu sage ich NEIN! Es ist wichtig, daß wir uns an den meisten Tagen unseres Lebens gesund ernähren. Es ist jedoch nicht erforderlich, daß wir eine Religion daraus machen und andere damit tyrannisieren. Bleiben Sie Mensch, genießen Sie ihr Leben, und wenn Sie wirklich einmal ein Essen nicht trennen können, geht davon die Welt nicht unter. Es ist jedoch wirkungslos, sich gelegentlich mal gesund und ansonsten überwiegend von einer Minderkost zu ernähren.

Sie haben einen riesigen Vorteil dadurch, daß die meisten ihr Essen nicht kauen. Sie selber aber kauen ja Ihr Essen. Dadurch fällt es Ihnen leicht, auch weniger als früher zu essen. Solange Freunden und Verwandten nicht auffällt, daß Sie abgenommen haben, so lange sagen Sie bitte am besten nichts. Ersparen Sie sich den Kommentar-Streß, denn am Anfang der Ernährungsumstellung ist man meist noch nicht so gefestigt, und negative Argumente können einen leicht entmutigen. Wir glauben immer, uns auch ungefragt, sozusagen vorab, schon einmal entschuldigen zu müssen. Verständnis ernten Sie damit selten, meist nur eine Lawine an Kritik. Lassen Sie es. Eine der wunderbarsten Erfahrungen meiner Anfangszeit mit Trennkost war jene, daß die meisten Menschen mit sich selbst beschäftigt sind und wir selbst nur annehmen, daß alle auf unser Handeln und Tun schauen. Gottlob ist es nicht so. Sollten Sie angesprochen werden, warum Sie so wenig oder dieses und jenes heute nicht essen – eine kleine Notlüge, mit der Sie niemanden schädigen, ist schon erlaubt. Bei dem Thema Krankheiten hat in unserer Gesellschaft jeder Verständnis. Sagen Sie wegen der Galle, Leber oder dem Magen habe Ihnen der Arzt empfohlen, sich zurückzuhalten, und siehe da, bohrende Fragen bleiben aus, und Sie können in Ruhe weiteressen und haben Zeit gewonnen, Ihr Selbstwertgefühl zu stabilisieren, bevor es oftmals unbewußt von anderen demontiert wird. Wenn Sie mit der Trennkost längeranhaltende, positive Erfahrung gemacht haben, dann können Sie sagen, wie Sie sich ernähren und den Grund angeben, auch wenn es um das Abnehmen geht. Denn beim Abnehmen hat kaum jemand Verständnis. Eine kleine Erfahrung aus meiner anfänglichen Trennkostzeit. Ich hatte Übergewicht und beschloß abzunehmen. Nach einigen Wochen war der Erfolg nicht zu übersehen. Eine Freundin, die zuvor immer versuchte, durch Kritik an meinem Aussehen mich zum Abnehmen zu motivieren, kam zu einer Einladung mit einer exquisiten Schachtel Pralinen. Können Sie sich vorstellen, wie überrascht ich war? Wenn Ihnen ähnliches passiert, und wenn Sie die ersten acht bis zehn Kilogramm an Körpergewicht verloren haben, könnte Ihnen ebenfalls Derartiges passieren, und ich möchte hier schildern, wie ich mit dieser Situation umgegangen bin. Vielleicht ist dies dann auch eine Hilfe für

Sie. Ich habe mich bedankt und stellte die Pralinen zu den anderen Mitbringseln, es war eine größere Einladung. Nachdem wir gemütlich gespeist und geplaudert hatten, habe ich auf Wunsch meiner Gäste nach Mitternacht Kaffee gekocht. Ich öffnete die Pralinen und bot sie meinen Gästen an. Natürlich habe auch ich eine Praline entnommen und gegessen. Sie war lecker. Als die letzten Gäste gingen, waren die Pralinen längst alle. Ich saß nicht mit den Pralinen alleine zu Hause herum, denn irgendein Grund und Frust findet sich immer, warum man *jetzt* Pralinen essen muß. Fängt man erst einmal an, hört man meist nicht eher auf, bis die Schachtel leer ist. Heute, nach so vielen Jahren der Trennkost, hätte ich damit kein Problem mehr. Damals ahnte ich, wenn ich mit den Leckereien alleine bin, geht es drei bis vier Tage gut, dann ist es vorbei, und die »Verführer« haben mich besiegt.

Aber was soll ich Ihnen sagen, nie mehr wurden mir Pralinen geschenkt. Ich glaube, ohne meine Freundin verletzt oder gar bloßgestellt zu haben, habe ich ein deutliches Signal auch für meine anderen Freunde gesetzt. Wir tun oft Dinge, bei denen uns erst im nachhinein bewußt wird, was da mit uns selbst gerade passiert.

Trenntabelle

Zur Eiweißgruppe gehörend:

- Eier
- Fisch, Schalentiere
- Fleisch, gekocht
- Wurstsorten, wie Bratwurst, Wiener Würstchen, Rindswurst, Fleischwurst
- Gekochter Schinken
- Milch
- Käse bis 55 % F.i.T.
- Sojaprodukte
- Obst, außer Bananen, Datteln und Feigen
- Obst- und Kräuteressig
- Sekt
- Wein

Zur Kohlenhydratgruppe gehörend:

- Vollkorngetreide
- Vollkornmehl
- Vollkornnudeln *ohne* Ei
- Vollkornbrot
- Naturreis
- Bananen, Datteln, Feigen
- Kartoffeln, Topinambur, Batate
- Trockenobst
- ungeschwefelte Rosinen
- Honig
- Apfel- und Birnendicksaft
- Sonnenblumenkerne
- Sesam, Kürbiskerne
- Carob
- Bier

Zur Eiweiß- und Kohlenhydratgruppe kombinierbare Nahrungsmittel:

- unraffinierte Öle aus der 1. Pressung, ungehärtete Fette, Butter, Butterschmalz, fetter Speck, Sahne süß und sauer
- alle angesäuerten Milchprodukte, wie Kefir, Butter- und Dickmilch, Joghurt
- alle Weißkäsesorten, wie Quark, Mozzarella, Schafs-, Doppelrahmfrisch-, Hand-, Koch-, körniger Frischkäse
- alle Käsesorten ab 60 % F.i.T.
- Eigelb
- alle rohen, geräucherten und luftgetrockneten Wurstsorten, wie Salami, roher Schinken, Tatar, Bündnerfleisch, Blutwurst, jedoch keine Blutzungenwurst

- alle rohen und geräucherten Fischsorten, wie Herings-, Matjesfilet, Räucherlachs, Räucherforelle, Räuchermakrele u. a.
- alle Salat- und Gemüsearten
- Zwiebeln, Knoblauch, alle Kräuter
- alle Keimlinge und Sprossen, Heidelbeeren, Avocado
- Mandeln, alle Nüsse außer Erdnüsse
- Muskat, Curry, Paprikapulver, Cayennepfeffer, Vollmeersalz, Kräutersalz, granulierte Gemüsebrühe, Gemüsebrühwürfel, flüssige Pflanzenwürze
- Brottrunk, Molkosan, Molke-Kwass
- Agar-Agar, Johannisbrotkernmehl (Biobin)
- alle Kräuter- und Früchteteesorten ohne Schwarzteezusatz, Getreidekaffee
- Mineral- und Heilwasser
- Korn- und Wacholderschnaps

Verzichten sollten Sie auf:

- Auszugsmehl sowie auf isolierten Zucker und alles, was daraus hergestellt wird, wie Brot, Kuchen, Kekse, Nudeln
- Marmelade, Gelees
- Süßstoff
- Fertigmayonnaise
- fertige Suppen, fertige Soßen
- alle Konserven und alles Eingemachte
- polierten Reis
- Rhabarber
- Senf
- rohes Eiweiß von Eiern
- getrocknete Hülsenfrüchte, Erdnüsse
- alle gerösteten und gesalzenen Nüsse und Mandeln, alle raffinierten und gehärteten Fette
- Essigessenz
- Kaffeesahne, H-Milch, Kondensmilch
- Bohnenkaffee, Kakao, Schwarztee
- alle erhitzten und gesüßten Säfte

Erläuterungen zu den Mahlzeiten

Nach der Theorie von Dr. Hay ist es am günstigsten, wenn Sie

morgens
die Basenmahlzeit,

mittags
die Eiweißmahlzeit und

abends
die Kohlenhydratmahlzeit einnehmen.

Morgens hat sich die Basenmahlzeit bewährt.
Unter einer Basenmahlzeit ist das typische Trennkost-Müsli auf der Basis eines angesäuerten Milchproduktes, wie z. B. Vollmilchjoghurt mit frischem Obst, 1 EL Leinsamen und einigen Tropfen unraffiniertem Öl zu verstehen. Dieses Müsli unterstützt einmal die Entwässerung des Organismus am Morgen, zum anderen sättigt es recht anhaltend.
Hierbei ist folgendes zu beachten:
Möglichst am Vorabend 1 EL ungeschroteten Goldleinsamen mit 2 EL kaltem Wasser einweichen und abgedeckt in den Kühlschrank stellen.
Da beim Schroten von Leinsamen Inhaltsstoffe verlorengehen und der Goldleinsamen mehr Inhaltsstoffe enthält als der braune, bevorzuge ich ungeschroteten Goldleinsamen.
Nun kann es aber doch geschehen, daß in der Eile des Einkaufes mal eine Tüte brauner Leinsamen gekauft wurde. Es ist nicht erforderlich, diesen zu beseitigen. Kaufen Sie ein zweites Paket, diesmal Goldleinsamen, und mischen Sie die beiden Leinsamenarten.
Falls Sie am Vorabend vergessen haben, den Leinsamen ein-

zuweichen, dann rühren Sie morgens, gleich nach dem Aufstehen, den Leinsamen in das Vollmilchjoghurt ein und lassen dieses ca. 20 bis 30 Minuten quellen. In der Zwischenzeit können Sie Ihre Morgentoilette erledigen.

In Hotels wird mitunter Leinsamen beim Frühstücksbuffet angeboten. Hier handelt es sich meist um geschroteten Leinsamen. Diesen können Sie direkt in das Müsli rühren.

Durch die geringe Menge Öl im Müsli, 1 TL = $^1/_2$ KL oder 4–5 Tropfen, wird der Stoffwechsel aktiviert.

Immer wieder taucht die Frage auf. Schmeckt das Öl denn nicht hervor? Ich kann Sie beruhigen – NEIN, Sie werden das Öl nicht hervorschmecken.

Verwenden Sie Sonnenblumenöl, da dies geschmacksneutral ist.

Das Obst *grob* – nicht fein – reiben oder schneiden, damit Sie etwas zum Beißen haben.

Selbstverständlich können Sie das Obst mit dem Messer schneiden. Eine schnellere und gefahrlosere Art für Ihre Finger ist die Küchenmaschine, aber auch hier die grobe Reibe verwenden.

Wünschen Sie ein Getreidemüsli zum Frühstück? So schroten Sie am Vorabend Ihr Getreide (50 g je Portion), weichen es mit 100 ml kalten Wasser ein, und stellen dies in den Kühlschrank. Getreide nicht in Milchprodukte einweichen, da sich hierbei Bakterien stark vermehren.

Lediglich Hafer darf nicht eingeweicht werden. Diesen schroten Sie am Morgen unmittelbar vor der Zubereitung des Müslis. Hafer ist sehr fettreich, und durch das Einweichen könnte er leicht bitter schmecken. Deshalb immer frisch schroten und sofort verwenden.

Beim Getreidemüsli können Sie Bananen, Datteln, Feigen, Heidelbeeren und jegliches ungeschwefeltes Trockenobst verwenden. Beim Trockenobst ist die Menge zu beachten.

Das Trockenobst am Vorabend mit der angegebenen Menge Wasser, unbedingt getrennt vom Getreide, einweichen. Sonst besteht auch hier die Gefahr, daß sich Bakterien stark vermehren. Das restliche Einweichwasser am Morgen mit zu dem Müsli geben.

Mittags sollte die Eiweißmahlzeit (Fleisch, Fisch, Eier) gegessen werden. Dies ist für den Leberrhythmus günstiger, da Eiweiß eine längere Verdauungszeit hat.

Das heißt jedoch nicht, daß Sie täglich eine Eiweißmahlzeit essen müssen. Sie können die Haysche Trennkost auch vegetarisch gestalten. Somit können Sie ohne weiteres zwei Kohlenhydratmahlzeiten täglich zu sich nehmen.

Zwei Eiweißmahlzeiten sollten Sie jedoch möglichst vermeiden.

Abends sollte die Kohlenhydratmahlzeit eingenommen werden.

Zu beachten ist, daß sowohl vor dem Mittagessen als auch vor dem Abendessen stets Frischkost/Salat gegessen werden sollte.

Wenn Ihnen dies aus diversen Gründen nicht möglich ist, so achten Sie darauf, daß sie wenigstens vor der Mahlzeit rohes Gemüse essen. Es geht hier im wesentlichen um die Ballaststoffe in unerhitzter Form (siehe Thema Ballaststoffe, S. 71–74). Zudem regt die Frischkost, d. h. rohes Gemüse oder Blattsalat, durch ihre Geruchs- und Geschmacksreize die Produktion und Abgabe der Verdauungssäfte an. Außerdem erreichen wir durch die Frischkost früher ein Sättigungsgefühl und essen damit weniger von den anderen, meist doch kalorienreicheren Nahrungsmitteln.

Eine Besonderheit besteht in den Salatsoßen: Zur Kohlenhydratmahlzeit dürfen Sie die Salatsoße *nicht* mit *Zitronensaft oder einem Essig* säuern.

Sie dürfen mit Brottrunk, Molke-Kwas oder Molkosan säuern.

Anders sieht es bei der Eiweißmahlzeit aus, hier dürfen Sie mit Zitronensaft, Kräuter-, Obst- oder Weinessig, z. B.

Aceto balsamico, aber auch mit Brottrunk, Molkosan oder Molke-Kwass säuern. (Siehe Seite 123 f., kombinierbare Salatsoßen.)

Eine immer wiederkehrende Frage taucht vor allem bei »Keine-Zeit-Menschen« verstärkt auf. Was mache ich mit dem Salat/der Salatsoße unterwegs, im Restaurant?
Hier geht die Entscheidung zugunsten der unerhitzten Ballaststoffe und nicht nach der ausschließlichen Art der Salatsoßenzubereitung. Die Zubereitung der Salatsoße können Sie unterwegs nur eingeschränkt beeinflussen. Bei der Bestellung können Sie darum bitten, daß Sie den Salat unangemacht und Essig und Öl extra erhalten. So haben Sie die Möglichkeit, Ihre Salatsoße selbst anzumachen.
Ansonsten bestellen Sie Ihren Salat und nehmen die Salatsoße, die dazu gereicht wird.
Die Nachteile, gänzlich auf den Salat zu verzichten, wären ernährungsphysiologisch wesentlich größer als die nicht hundertprozentig zubereitete Salatsoße.
Bleiben Sie flexibel, lernen Sie abzuwägen, was den größten Vorteil für Sie und Ihr Wohlbefinden bringt. Danach entscheiden Sie.

Frühstück

»Morgens wie ein König, mittags wie ein Edelmann, abends wie ein Bettler.«
Da haben wir es schon, die wichtigste Mahlzeit am Tag ist das Frühstück. Und wenn Sie mich fragen, auch die schönste. Gerade für »Keine-Zeit-Menschen« ist der energetische Start in den Tag geradezu lebensnotwendig und lebenserhaltend.
Sie schlafen gerne? Hören Sie sich mal um, Sie sind nicht allein, Sie sind in guter Gesellschaft. Ich kenne niemanden, der nicht gerne schläft, vor allem am Morgen. Aber wie ich den Tag beginne, so verläuft er auch meist. Wenn Sie täglich ein hektischer, turbulenter Tag erwartet, warum gönnen Sie sich dann nicht etwas Zeit am Morgen?
Starten Sie in Ruhe mit einem Frühstück, das heißt mit geballter Energie in den Tag. Bei einem solch guten Start kann Sie an diesem Tag kaum etwas erschüttern. Durch das vollwertige Frühstück wird Ihr Blutzuckerspiegel angehoben, und Sie fallen nicht in das »11.00 Uhr-Loch«. Sie müssen dieses Leistungstief nicht rasch mit minderwertiger Nahrung stopfen, um ebenso rasch wiederholt in das nächste »Tief« zu rutschen.
Die Ausscheidungsphase der meisten Menschen ist etwa von 5.00 Uhr in der Frühe bis gegen Mittag. Damit die Schlackenstoffe, die sich über Nacht angesammelt haben, rasch ausgeschieden werden, ist es wichtig, daß wir morgens nach dem Aufstehen Flüssigkeit zu uns nehmen.
Deshalb empfehle ich, gleich nach dem Aufstehen ein großes Glas Mineralwasser oder Kräutertee zu trinken.
Sollten Sie zu den Menschen gehören, denen anschließend leicht übel wird, so legen Sie die Hektik ab. Setzen Sie sich mit Ihrem Getränk hin und trinken Sie *langsam*.
Sie werden feststellen, mit etwas Ruhe wird Ihnen nach dem Trinken nicht mehr übel sein.

20 Minuten vor dem Essen mit dem Trinken aufhören, und erst 20 Minuten danach wieder mit dem Trinken beginnen.

Anschließend gehen Sie zur Morgentoilette ins Bad. Wenn Sie dort fertig sind, sind meist 20 Minuten vergangen. Dann frühstücken Sie. Nehmen Sie zum Frühstück ein Müsli ein, so ist es unbedingt erforderlich, daß Sie ca. 30 Minuten danach eine größere Menge trinken, damit die Ballaststoffe ausreichend Flüssigkeit zum Quellen haben. Ansonsten kann es zu Stuhlverstopfungen kommen.

Sind Sie ein **Frühstücksmuffel?**
Dann essen Sie frisches Obst, außer Bananen, Datteln und Feigen. Nur jenes Obst schälen, das unbedingt geschält werden muß, z. B. Kiwis, anderes Obst, z. B. Äpfel, nur waschen, nicht schälen. Unmittelbar unter und in der Schale sind viele Nährstoffe enthalten.
Welches Obst? Welche Menge?
Das überlasse ich Ihnen. Essen Sie was – und soviel Sie mögen. Bedenken Sie, daß Sie intensiv kauen. Bissen für Bissen (20–30mal). Das verlängert das Sättigungsgefühl.

Obstteller für Eilige

500 g tiefgefrorene tropische Obstmischung
1 EL Kokosflocken

Das tiefgefrorene Obst am Vorabend zum Auftauen in den Kühlschrank stellen. Die durch das Auftauen vorhandene Obstflüssigkeit wegen der darin enthaltenen Vitamine nicht wegschütten, sondern diese in ein Glas abgießen und im Laufe des Tages mit $^2/_3$ Wasser verdünnt trinken.
Das aufgetaute Obst auf einem Teller arrangieren und mit einem flachen EL Kokosflocken bestreuen.

Obstteller für Genießer mit frischem Obst

200 g Erdbeeren
1/2 Netzmelone
1 Orange
150 g blaue Weintrauben
1 Zweig Zitronenmelisse

Das Obst waschen und mit einem Küchentuch abtupfen. Die Melone in der Mitte teilen, das Kerngehäuse entfernen und die Melone in dünne Scheiben schneiden. Die Orange schälen und filetieren.
Das Obst auf einem Teller arrangieren. Die Zitronenmelisse waschen, ausschütteln und mit ihr den Obstteller garnieren.

Exotischer Früchteteller

1 Scheibe frische Ananas
1 Kiwi
1 Kaki
150 g Kapstachelbeeren
100 g Litschi
1 Mango
1 TL Bourbon-Vanille (gemahlene Vanille)

Das Obst waschen, schälen und aufschneiden. Auf einem Teller arrangieren. Mit der gemahlenen Bourbon-Vanille bestreuen.

Nach wie vor ist das typische Trennkostmüsli für mich immer noch die schönste Art des Frühstücks. Mit ihm fühle ich mich energiegeladen und munter für den Tag.

Die Zusammensetzung kann verschieden sein. Da Sie wahrscheinlich, wie so viele Menschen, eine viel zu hohe Süßschwelle haben, versuchen Sie, bei den Müslis ohne Süßungsmittel auszukommen. Wählen Sie anfangs besonders süße Früchte für die Zubereitung Ihres Müslis. Genießen Sie Ihr Müsli. Schließen Sie die Augen beim Kauen, und konzentrieren Sie sich auf den Geschmack des Obstes. Wenn Sie sich auf diesen Versuch einlassen, werden Sie nach zwei bis drei Wochen glücklich sein, daß Sie die Erfahrung machen durften, wie sich Ihre Geschmacksnerven sensibilisiert haben.

Hier einen Überblick zur selbständigen Zusammenstellung des Müslis:

1 Becher Vollmilchjoghurt	oder
150 ml Dickmilch	oder
150 ml Kefir	oder
150 ml Buttermilch	oder
100 g körniger Frischkäse	oder
100 g Magerquark = ca. 1 EL	
mit 3 EL Mineralwasser mischen.	

Jedes Obst aus der Eiweißliste, grob geraffelt oder geschnitten.

Zusätzlich können noch 1 EL Leinsamen, 1 EL Weizenkleie, einige Tropfen unraffiniertes Öl, einige Nüsse oder Mandeln, gehackt oder ganz, oder 1 TL Sonnenblumenkerne oder Kürbiskerne dazugegeben werden.

Das Trennkost-Klassiker-Müsli

1 EL Goldleinsamen
2 EL kaltes Wasser
1 Becher Vollmilchjoghurt
1 EL Weizenkleie
3–4 Tropfen oder ¹/₂ TL Öl unraffiniert aus 1. Pressung
1 Apfel goldgelb bis rot, möglichst süße Sorte

Am Vorabend den Leinsamen mit dem kalten Wasser einweichen und in den Kühlschrank stellen.
Am nächsten Morgen diese Masse in eine größere Müslischale geben, Vollmilchjoghurt, die Weizenkleie und das Öl dazugeben.
Den Apfel* mit der Küchenmaschine grob raffeln und ebenfalls dazugeben und alles miteinander vermischen.
Das Müsli am besten mit einem Kaffeelöffel genießen und dabei jede Portion intensiv kauen.

Birnenmüsli

1 Becher Vollmilchjoghurt
1 Birne
1 EL Goldleinsamen
2 EL kaltes Wasser
1 EL Weizenkleie
2–4 Tropfen unraffiniertes Öl
1 TL Pinienkerne

---

* Beim Obst kann die Portionsgröße bedenkenlos erhöht werden. Sie sollen satt werden. Hungern ist nicht mehr angesagt.

Den EL Goldleinsamen am Vorabend in Wasser einweichen und in den Kühlschrank stellen. Morgens den TL Pinienkerne in einer beschichteten Pfanne rösten. Den Becher Vollmilchjoghurt mit dem eingeweichten Leinsamen in eine größere Schale geben, die Weizenkleie, das Öl dazugeben. Die Birne waschen, nicht schälen, in grobe Stücke schneiden oder mit der Küchenmaschine grob raffeln, zum Müsli geben und alles miteinander vermischen. Zum Schluß mit den leicht abgekühlten Pinienkernen bestreuen. Ganz Eilige lassen die Pinienkerne weg.

Pflaumenmüsli

250 g Pflaumen
1 EL Magerquark
3 EL Mineralwasser
1 EL Goldleinsamen
2 EL kaltes Wasser
1 EL Weizenkleie
einige Tropfen unraffiniertes Öl
1 TL Zimt

Am Vorabend den Goldleinsamen mit dem Wasser einweichen und in den Kühlschrank stellen. Abends die Pflaumen waschen und entsteinen. Die Pflaumenhälften mit dem Zimt bestäuben und abgedeckt stehen lassen. Dies können Sie auch noch morgens tun. Am nächsten Morgen den Magerquark mit dem Mineralwasser verrühren, den Leinsamen, die Weizenkleie, das Öl und die Pflaumen bis auf 3 Hälften dazugeben. Alles miteinander vermischen. Mit den restlichen 3 Pflaumenhälften das Müsli garnieren.

Melonenmüsli

200–250 g Dickmilch
¹/₄ Honigmelone
¹/₄ Netzmelone
1 Scheibe Wassermelone (ca. 300 g)
1 EL Goldleinsamen
2 EL Wasser
1 EL Weizenkleie
3–4 Tropfen unraffiniertes Öl

Den Goldleinsamen am Vorabend mit dem Wasser einweichen. Am nächsten Morgen die Melonen teilen, das Kerngehäuse jeweils entfernen. Die Melonen mit dem Löffel in Kugeln herausstechen oder in Stücke schneiden und in die Müslischale geben. Die Dickmilch, den Leinsamen, die Weizenkleie und das Öl hinzugeben und alles miteinander vermischen.

Pfirsich-Ricotta-Müsli

150 g Ricotta-Käse
2 Pfirsiche
1 EL Goldleinsamen
2 EL kaltes Wasser
1 EL Weizenkleie
4 Pistazien

Am Vorabend den Goldleinsamen mit dem Wasser einweichen und in den Kühlschrank stellen. Am nächsten Morgen die Pfirsiche waschen, entsteinen und in Filets schneiden. Fünf Filets zurückhalten. Die Pfirsichscheiben mit dem Leinsamen, der Weizenkleie und dem Öl zu dem Ricotta-Käse geben und alles miteinander vermischen. Mit den Pfirsichfiletscheiben und den Pistazien das Müsli garnieren.

Himbeermüsli

250 g Kefir
250 g Himbeeren
1 EL Goldleinsamen
2 EL kaltes Wasser
1 EL Weizenkleie
3–4 Tropfen unraffiniertes Öl
1 Zweig Zitronenmelisse

Am Vorabend den Leinsamen mit dem Wasser einweichen und in den Kühlschrank stellen. Am nächsten Morgen vorsichtig die Beeren waschen. Diese mit dem Leinsamen, der Weizenkleie, dem Öl zu dem Kefir geben und alles unterheben. Mit einem Zweig Zitronenmelisse garnieren.

Frischkäse-Beeren-Müsli

150 g kerniger Frischkäse
250 g Erbeeren
1 EL Goldleinsamen
1 EL kaltes Wasser
1 EL Weizenkleie
3–4 Tropfen unraffiniertes Öl

Am Vorabend den Goldleinsamen mit dem Wasser einweichen und in den Kühlschrank stellen. Am nächsten Morgen den körnigen Frischkäse in die Müslischale geben. Die Erbeeren waschen, putzen und abtropfen lassen. Eine Erdbeere zurückhalten. Die restlichen Erdbeeren in der Mitte teilen und mit dem Leinsamen, der Weizenkleie und dem Öl zum Frischkäse geben und alles miteinander vermischen. Die zurückgehaltene Erdbeere vierteln und damit das Müsli garnieren.

Nektarinen-Buttermilch-Müsli

2 Nektarinen
150 ml Buttermilch
1 EL Goldleinsamen
1 EL kaltes Wasser
1 EL Weizenkleie
3–4 Tropfen unraffiniertes Öl

Am Vorabend den Goldleinsamen mit dem Wasser einweichen und in den Kühlschrank stellen. Morgens die Nektarinen
waschen und entsteinen. Das Nektarinenfleisch grob hacken
und mit der Buttermilch, dem Goldleinsamen, der Weizenkleie und dem Öl in die Müslischale geben und alles miteinander vermischen.

Traubenmüsli

1 Becher Vollmilchjoghurt
150 g rote Weintrauben
150 g weiße Weintrauben
1 EL Goldleinsamen
2 EL kaltes Wasser
1 EL Weizenkleie
3–4 Tropfen unraffiniertes Öl
4 Walnußhälften

Am Vorabend den Goldleinsamen mit dem Wasser einweichen und über Nacht in den Kühlschrank stellen. Am nächsten Morgen die Weintrauben waschen und abtropfen lassen.
Den Vollmilchjoghurt in eine Müslischale geben, die Weintrauben, den Leinsamen, die Weizenkleie und das Öl dazugeben und alles miteinander vermischen. Mit den 4 Walnußhälften das Müsli garnieren.

Beerenmüsli

1 Becher Vollmilchjoghurt
100 g Stachelbeeren
100 g rote Johannisbeeren
100 g schwarze Johannisbeeren
1 EL Goldleinsamen
2 EL kaltes Wasser
1 EL Weizenkleie
3–4 Tropfen unraffiniertes Öl

Am Vorabend den Goldleinsamen mit dem kalten Wasser einweichen und in den Kühlschrank stellen. Am nächsten Morgen die Beeren waschen und abtropfen lassen. Je eine Rispe der roten und der schwarzen Johannisbeeren auf die Seite legen. Die restlichen Beeren mit dem Vollmilchjoghurt, dem Leinsamen, der Weizenkleie und dem Öl zusammen in eine Müslischale geben und vorsichtig miteinander vermischen. Mit den beiden Johannisbeerrispen das Müsli garnieren.

Kakimüsli

1 EL Magerquark
2 EL Mineralwasser
3 Kaki-Früchte
1 EL Goldleinsamen
2 EL kaltes Wasser
1 EL Weizenkleie
3–4 Tropfen unraffiniertes Öl
1 EL Kokosflocken

Am Vorabend den Goldleinsamen mit dem kalten Wasser einweichen und in den Kühlschrank stellen. Am nächsten Morgen die Kokosflocken in einer beschichteten Pfanne goldgelb rösten. Den Magerquark mit dem Mineralwasser verrühren. Die Kakifrüchte in der Mitte teilen und das Fruchtfleisch entfernen und zum Quark geben. Den Leinsamen, die Weizenkleie und das Öl ebenfalls dazugeben und alles miteinander vermischen. Das Müsli mit den ausgekühlten, gerösteten Kokosflocken bestreuen.

Dinkel-Heidelbeer-Müsli

50 g Dinkelvollkorngetreide
50 ml kaltes Wasser
1 Becher Vollmilchjoghurt
250 g Heidelbeeren (frisch oder tiefgefroren)
3–4 Tropfen unraffiniertes Öl

Das Dinkelvollkorngetreide am Vorabend grob schroten, mit dem kalten Wasser einweichen, über Nacht in den Kühlschrank stellen.
Falls die Heidelbeeren tiefgefroren sind, am Vorabend herausnehmen und im Kühlschrank auftauen lassen. Am nächsten Morgen das eingeweichte Korn mit dem Vollmilchjoghurt und dem Öl verrühren. Die Heidelbeeren dazugeben und vorsichtig unterheben.

Weizen-Bananen-Müsli

40 g Weizenvollkorngetreide
40 ml kaltes Wasser
1 Banane
150 ml Dickmilch
1 TL unraffiniertes Öl
1 EL Kürbiskerne

Am Vorabend das Weizenvollkorngetreide grob schroten und mit dem Wasser einweichen und in den Kühlschrank stellen. Am nächsten Morgen das geschrotete Getreide mit dem Öl und der in Scheiben geschnittenen Banane zu der Dickmilch geben und alles miteinander vermischen. Die Kürbiskerne grob hacken und das Müsli damit bestreuen.

Feigen-Gersten-Müsli

50 g Gerstengetreide
50 ml kaltes Wasser
3 frische Feigen
1 TL unraffiniertes Öl
100 g Magerquark
3 EL Mineralwasser

Am Vorabend das Gerstengetreide grob schroten, mit kaltem Wasser einweichen und in den Kühlschrank stellen. Am nächsten Morgen den Magerquark mit dem Mineralwasser mischen und verrühren. Die Feigen waschen, kleinschneiden und ein Viertel einer Feige beiseite stellen. Diese dann mit dem Öl und dem geschroteten Getreide zum Quark geben und alles miteinander vermischen. Mit der restlichen viertel Feige garnieren.

Dattel-Dreikorn-Müsli

50 g Dreikornmischung*
50 ml kaltes Wasser
100 g frische Datteln
150 ml Kefir
1 TL unraffiniertes Öl

Bitte nur keinen Hafer hinzugeben!
Das Getreide grob schroten mit dem Wasser einweichen und über Nacht im Kühlschrank quellen lassen. Am nächsten Morgen die frischen Datteln entsteinen und in Stücke schneiden, diese mit dem Öl und dem eingeweichten Getreide zum Kefir geben und alles miteinander vermischen.

---

* Dreikorngetreidemischungen gibt es fertig im Handel. Sie können diese auch beliebig selbst zusammenstellen.

Aprikosen-Cornflakes-Müsli

50 g getrocknete Aprikosen
40 ml kaltes Wasser
1 Becher Vollmilchjoghurt
50 g Cornflakes (ungesüßt)*
3–4 Tropfen unraffiniertes Öl

Am Vorabend die Aprikosen mit dem Wasser einweichen und in den Kühlschrank stellen. Am nächsten Morgen das eingeweichte Obst klein schneiden und mit dem restlichen Einweichwasser, dem Öl und den Cornflakes* zu dem Vollmilchjoghurt geben und alles miteinander vermischen.

Birnen-Haferflocken-Müsli

50 g Trockenbirnen
40 ml Wasser
150 ml Dickmilch
3–4 Tropfen unraffiniertes Öl
50 g Hafer** bzw. Haferflocken

Am Vorabend die Trockenbirnen mit dem Wasser einweichen und über Nacht im Kühlschrank quellen lassen. Am nächsten Morgen die Birnen klein schneiden und mit dem evtl. vorhandenen Einweichwasser zu der Dickmilch geben, das Öl und die Haferflocken dazugeben und alles miteinander vermischen.
In allen gutsortierten Reformhäusern oder Naturkostläden besteht die Möglichkeit, das Korn frisch schroten, mahlen oder auch – wie im Falle von Hafer – zu Flocken quetschen zu lassen. Dieses Getreide sollte innerhalb einer Woche verarbeitet werden.

---

*   Cornflakes zuckerfrei im Reformhaus oder Naturkostladen erhältlich.
** Hafer sollte möglichst frisch am Morgen gequetscht werden.

Pflaumen-Hafer-Müsli

50 g Trockenpflaumen
50 ml kaltes Wasser
150 g körniger Frischkäse
3–4 Tropfen unraffiniertes Öl
50 g Haferkorn
4 Walnußkerne
1 TL Zimt

Am Vorabend die Trockenpflaumen mit dem Wasser einweichen und über Nacht im Kühlschrank quellen lassen. Am nächsten Morgen die Pflaumen klein schneiden, mit der restlichen Einweichflüssigkeit und dem Öl zu dem körnigen Frischkäse geben. Den Hafer schroten und ebenfalls untermischen. Das Müsli mit Zimt bestreuen und mit den Walnußkernen garnieren.

Obst-Misch-Müsli

100 g Heidelbeeren
1 kleine Banane
1 Becher Vollmilchjoghurt
3–4 Tropfen unraffiniertes Öl
40 g Cornflakes (ungesüßt)

Tiefgefrorene Heidelbeeren am Vorabend in den Kühlschrank zum Auftauen stellen. Am nächsten Morgen Heidelbeeren, die klein geschnittene Banane, das Öl und die Cornflakes unter den Vollmilchjoghurt mischen.

Belegte Brote und Brötchen
für unterwegs oder zum Frühstück

Honig- und Käsebrötchen

1 Vollkornbrötchen
1 TL Butter
1 TL Honig
30 g Edelpilzweichkäse mit 60 % F. i. T.

Das Vollkornbrötchen aufschneiden und eine Hälfte mit der Butter und dem Honig bestreichen. Die andere Hälfte mit dem Edelpilzweichkäse bestreichen.
(Da diese Käsesorte fettreich ist, entfällt das Streichfett = Butter.)

Kürbiskernbrot

1 Scheibe Vollkornbrot
1 TL Butter
1 gehäufter EL Kürbiskerne

Die Kürbiskerne in einer beschichteten Pfanne rösten und abkühlen lassen. Die Brotscheibe mit der Butter bestreichen und mit den abgekühlten Kürbiskernen bestreuen.

Bananenbrot

1 Scheibe Vollkornbrot
1 Banane
1 EL Sonnenblumenkerne

Den EL Sonnenblumenkerne in einer beschichteten Pfanne
rösten.
Die Banane in Längsstreifen schneiden und damit die Scheibe
Vollkornbrot belegen. Mit den gerösteten und abgekühlten
Sonnenblumenkernen das Bananenbrot bestreuen.

Vollkornbrot mit Kräuterquark

1 Scheibe Vollkornbrot
100 g Magerquark
2 EL Mineralwasser
1 EL gehackte Kräuter frisch, tiefgefroren oder getrocknet
1 Prise Kräutersalz auf Vollmeersalzbasis

Den Magerquark mit dem Mineralwasser, den Kräutern und
der Prise Kräutersalz miteinander vermischen und die
Scheibe Vollkornbrot damit bestreichen.

Käsetoast

1 Scheibe Vollkorntoast*
1 Scheibe Kärntner Rahmlaibl 60 % F. i. T.
2 Walnußhälften

Die Scheibe Brot toasten. Auf das noch warme Brot den Käse
legen. 2–3 Minuten warten, damit der Käse auf dem Brot
leicht verlaufen kann. Mit den Walnußhälften garnieren.

Käseknäckebrot

2 Scheiben Vollkornknäckebrot
2 KL italienischen Kräuterfrischkäse
2 Blätter Basilikum

Die Rückseite der Vollkornknäckebrotscheiben mit dem
Kräuterfrischkäse bestreichen und mit Basilikum garnieren.

Ziegenfrischkäse-Brötchen

1 Vollkornbrötchen
1 kleiner Ziegenfrischkäse
1 EL Schnittlauchröllchen

Das Vollkornbrötchen aufschneiden und mit dem Ziegenfrischkäse bestreichen. Die Schnittlauchröllchen darüber verteilen.

---

* Vollkorntoastbrot nach dem Kauf einfrieren. Die gefrorenen Brotscheiben
lassen sich jederzeit mit dem Messer einzeln entnehmen und können anschließend getoastet werden. So wird Ihnen das Toastbrot nicht schimmelig.

Dänisches Käsebrot

1 Scheibe Vollkornbrot
1 Scheibe Dänischer Novarti-Käse 60 % F. i. T.
1 Vollkornlaugenbrezelchen (klein)
1 Sträußchen Petersilie

Die Scheibe Vollkornbrot mit dem Käse belegen. Mit dem Vollkornlaugenbrezelchen und der Petersilie garnieren.

Doppelrahm-Brötchen

1 Vollkornbrötchen
30 g Lachs-Doppelrahmkäse
1 Zweig Dill

Die Scheibe Vollkornbrot mit dem Lachs-Doppelrahmfrischkäse bestreichen und mit dem Dill garnieren.

Kressebrot

1 Scheibe Vollkornbrot
2 EL Kresse
2 TL Butter
2 Radieschen

1 Scheibe Vollkornbrot mit Butter bestreichen. Die Kresse darüber verteilen und mit den in Scheibchen geschnittenen Radieschen belegen.

Schinkenbrot

1 Scheibe Vollkornbrot
1 TL Butter
25 g roher Schinken
1 Sträußchen Petersilie
2 Cocktailtomaten

Die Scheibe Vollkornbrot mit der Butter bestreichen. Den rohen Schinken darüberlegen und mit der Petersilie und den in Hälften geschnittenen Cocktailtomaten garnieren.

Bündnerfleischbrot

1 Scheibe Vollkornbrot
1 TL Butter
20 g Bündnerfleisch
4 Scheiben frische Salatgurke

Die Scheibe Vollkornbrot mit der Butter bestreichen. Das Bündnerfleisch darüberlegen und mit den Salatgurkenscheiben garnieren.

Salamibrot

1 Scheibe Vollkornbrot
2 TL Butter
25 g Salami
1 Sträußchen Petersilie

Die Scheibe Vollkornbrot mit der Butter bestreichen und das Brot anschließend mit der Salami belegen und der Petersilie garnieren.

Putenlachsbrot

1 Scheibe Vollkornbrot
1 TL Butter
25 g Putenlachsfleisch

Die Scheibe Vollkornbrot mit Butter bestreichen und mit dem Putenlachsfleisch belegen.

Blutwurstschnitte

1 Scheibe Vollkornbrot
1 TL Butter
25 g Blutwurst
4 Salatgurkenscheiben
1 Sträußchen Petersilie

Die Scheibe Vollkornbrot mit der Butter bestreichen. Die Blutwurst in dünne Scheiben schneiden und das Brot damit belegen. Mit den Gurkenscheiben und der Petersilie das Brot garnieren.

Speckbrot

1 Scheibe Vollkornbrot
25 g Tiroler Speck
3 Scheiben Salatgurke

Die Scheibe Vollkornbrot mit dem Tiroler Speck belegen und mit den Gurkenscheiben garnieren.

Lachstoast

1 Scheibe Vollkorntoastbrot
1 TL Butter
1 Scheibe (40 g) geräucherten Lachs
1 Zwiebelringscheibe
1 Dillstengel

Die Scheibe Vollkornbrot toasten und etwas abkühlen lassen. Die Toastscheibe mit Butter bestreichen und mit dem Lachs belegen. Die dünn geschnittene Zwiebelringscheibe auseinander nehmen und über das Lachsbrot legen. Mit dem Dill garnieren.

Matjesfiletbrot

1 Scheibe Vollkornbrot
1 TL Butter
1 Matjesfilet
1 Salatblatt
1 Zwiebelringscheibe

Die Scheibe Vollkornbrot mit der Butter bestreichen. Auf das Butterbrot das Salatblatt legen und darauf das Matjesfilet. Mit den Zwiebelringen garnieren.

Radieschenbrot

1 Scheibe Vollkornbrot
1 TL Butter
4 Radieschen

Die Scheibe Vollkornbrot mit der Butter bestreichen. Mit den gewaschenen und in Scheiben geschnittenen Radieschen das Brot fächerartig belegen.

Mozzarella-Tomaten-Baguettebrötchen

$^1/_2$ Vollkorn-Baguettebrötchen
2 TL Butter
4 Scheiben (60 g) Mozzarellakäse
4 Scheiben Tomaten
1 Basilikumzweig

Das Vollkorn-Baguettebrötchen teilen. Mit der Butter bestreichen und abwechselnd mit den Tomaten und Mozzarella-Käse-Scheiben belegen. Mit dem frischen Basilikum garnieren.

Hinweis zu den Salaten
bzw. der Frischkost

Gehen Sie nie aus dem Haus, ohne daß Ihr Salat geputzt, gewaschen und geschleudert im Kühlschrank steht.

Meiner Meinung nach ist die Salatschleuder unerläßlich. Diese erhalten Sie für relativ wenig Geld (ca. 10,– bis 15,– DM) in jedem Kaufhaus oder Haushaltswarengeschäft. Der Salat läßt sich so besser aufbewahren.

Achten Sie darauf, daß Sie kleine Mengen an diversen Gemüsearten zu Hause haben, z. B. Radieschen, Zucchini, damit Sie Ihren Salat abwechslungsreich zubereiten können.

Außerdem sollten Sie immer frische bzw. tiefgefrorene Kräuter zu Hause haben.

Wie ich schon erwähnt habe (s. S. 96 f.), besteht der Unterschied in der Salatsoße darin, daß Sie zur **Kohlenhydratmahlzeit** die Salatsoße *nicht* **mit Zitronensaft oder Essig** zubereiten sollten.

Um diesem Streß zu entgehen, habe ich Salatsoßen creiert, die Sie zu allen Salaten verwenden können.

Vorbereitet halten diese etwa 6–8 Tage im Kühlschrank.

Je Person und Portion 2–3 EL entnehmen.

Falls Sie gerne Zwiebeln und/oder Knoblauch im Salat essen möchten, dürfen Sie dies gerne tun. Den Knoblauch, durch die Presse gedrückt, können Sie sofort zur Salatsoße geben.

Die Zwiebeln müßten Sie bei der Salatsoße auf Vorrat jeweils frisch hinzugeben.

Bei aller Planung kann es doch einmal vorkommen, daß kein Salat, kein Gemüse mehr zu Hause ist. In diesem Fall hat sich bei mir die Salatgurke als »Retter« in der Not bewährt. Auf dem Heimweg, das ist auch in Eile möglich, schnell eine Salatgurke und einen Becher Vollmilchjoghurt kaufen. Zu Hause angekommen, wird die Salatgurke unter fließendem Wasser mit einer Gemüsebürste gesäubert. Bei den meisten Gemüsesorten reicht es vollkommen aus, wenn Sie diese mit der Gemüsebürste unter fließendem Wasser säubern. Nur Gemüsearten, bei denen es unvermeidlich ist, z. B. Spargel, schälen. Geben Sie nun soviel von der Gurke in die Küchenmaschine, wie Sie essen möchten. Sollte bei aller Eile einmal die »falsche« Reibe in der Küchenmaschine, eingesetzt sein, so ist dies nicht weiter tragisch. Der Gurkensalat ist auch vollwertig, d. h. enthält all seine wertvollen Inhaltstoffe, wenn er nicht in Scheiben geschnitten, sondern grob geraffelt ist. Als TrennköstlerIn werden Sie für die feine Reibe der Küchenmaschine ohnehin selten Verwendung haben.

In die Salatschüssel die Hälfte eines Bechers Vollmilchjoghurt, 1 TL Kräutersalz, einige Spritzer flüssige Pflanzenwürze und frischen oder tiefgefrorenen Dill, es kann auch getrockneter Dill sein, dazugeben und alles miteinander verrühren. Die zerkleinerte Salatgurke hinzugeben und alles miteinander vermischen. Fertig ist trotz aller Eile die Frischkost/der Salat.

Salatsoßen zu allen Gerichten – kombinierbar und auf Vorrat

Buttermilchsoße

500 ml Buttermilch
1 Becher Vollmilchjoghurt
1 EL Crème fraîche
1 EL gehackte Kräuter
1 EL Kräutersalz
einige Spritzer flüssige Pflanzenwürze
1 Knoblauchzehe auf Wunsch

Die Buttermilch mit dem Vollmilchjoghurt, der Crème fraîche, dem Kräutersalz, den frischen Kräutern, der flüssigen Pflanzenwürze und der durchgedrückten Knoblauchzehe in einen hohen Becher geben und mit dem Handrührgerät ca. 2 Minuten aufschlagen.

Öl-Salatsoße

4 EL natives Olivenöl
¼ l Wasser
2 EL Molke-Kwass
2 EL gehackte Kräuter frisch oder tiefgefroren
1 EL Kräutersalz
einige Tropfen flüssige Pflanzenwürze
1 frischer roter Peperone
1 Knoblauchzehe

Das Öl mit dem Wasser und dem Molke-Kwass mischen. Den Peperone ganz fein klein hacken und mit der durchgedrückten Knoblauchzehe zur Salatsoße geben, Kräutersalz, flüssige Pflanzenwürze und die klein gehackten Kräuter hinzugeben und alles miteinander vermischen.

Salate zur Kohlenhydratmahlzeit

Feldsalat mit Croutons

100 g Feldsalat
1 Zwiebel
1 Knoblauchzehe
1 Scheibe Vollkorntoast
1 KL unraffiniertes Sonnenblumenöl
2 EL Wasser
1 KL Brottrunk
1 TL Kräutersalz
einige Spritzer flüssige Pflanzenwürze

Die Scheibe Vollkorntoastbrot in Würfel schneiden und in einer beschichteten Pfanne von allen Seiten rösten.

Die Zwiebel und die Knoblauchzehe schälen und die Zwiebel in kleine Würfel schneiden. Mit der Knoblauchzehe die Salatschüssel ausreiben oder gepreßt in die Salatschüssel geben.

Aus dem Sonnenblumenöl, dem Wasser, dem Brottrunk, dem Kräutersalz, den gehackten Zwiebeln und der flüssigen Pflanzenwürze eine Salatsoße zubereiten.

Den Feldsalat putzen, waschen, schleudern und zur Salatsoße geben und mischen. Die Croutons darüberstreuen.

Eichblattsalat

150 g Eichblattsalat
1 KL unraffiniertes Öl
2 EL Wasser
1 KL Brottrunk
1 TL Kräutersalz
1 Prise Cayennepfeffer
einige Spritzer flüssige Pflanzenwürze
1 Knoblauchzehe
$^1/_2$ Zwiebel

Aus dem Wasser, dem Öl, dem Brottrunk, dem Kräutersalz, dem Cayennepfeffer und der flüssigen Pflanzenwürze eine Salatsoße herstellen. Die Knoblauchzehe pressen und die Zwiebel fein hacken und zur Salatsoße geben.
Sollte Ihnen der Knoblauchgeschmack zu intensiv sein, so teilen Sie die Knoblauchzehe einmal in der Mitte und reiben Sie damit die Schüssel ein, bevor Sie die Salatsoße zubereiten.
Den Salat waschen, schleudern, klein rupfen und zur Salatsoße geben. Alles miteinander vermischen.

Löwenzahnsalat mit Speck

100 g Löwenzahn
1 Zwiebel
1 Knoblauchzehe
30 g Schinkenspeck
2 EL Wasser
1 KL Brottrunk
1 TL Kräutersalz
einige Spritzer flüssige Pflanzenwürze

Die Schinkenspeckwürfel in einer beschichteten Pfanne auf halber Herdstufe langsam auslassen.

Die Zwiebel und die Knoblauchzehe schälen. Die Zwiebel fein hacken und die Knoblauchzehe pressen.

Kurz bevor die Schinkenspeckwürfel fertig sind, die Zwiebelstückchen mit der gepreßten Knoblauchzehe dazugeben und mitdünsten lassen.

Aus dem Wasser, dem Brottrunk, dem Kräutersalz und der flüssigen Pflanzenwürze eine Salatsoße zubereiten.

Den Löwenzahn waschen, putzen und schleudern und in eine Schüssel geben. Die Salatsoße und die angedünsteten Zwiebelstückchen mit dem Knoblauch und den Schinkenspeckwürfel dazugeben und alles miteinander vermischen.

Chicorée-Salat

150 g Chicorée
1 KL gehackte Kräuter, frisch oder tiefgefroren
1/2 Becher Vollmilchjoghurt
1 EL körniger Frischkäse
1 TL Kräutersalz
einige Spritzer flüssige Pflanzenwürze

Aus dem Vollmilchjoghurt, dem Kräutersalz und der flüssigen Pflanzenwürze eine Salatsoße zubereiten. Die Kräuter waschen, schleudern und klein hacken und zur Salatsoße geben.

Den Chicorée waschen, putzen und schleudern, klein schneiden und mit dem körnigen Frischkäse zur Salatsoße geben und alles miteinander vermischen.

Eisbergsalat mit Radieschen

100 g Eisbergsalat
1/2 Bund Radieschen
1 Zwiebel
1 KL unraffiniertes Sonnenblumenöl
2 EL Wasser
1 KL Brottrunk
1 TL Kräutersalz
einige Spritzer flüssige Pflanzenwürze

Aus dem Sonnenblumenöl, dem Brottrunk, dem Kräutersalz und der flüssigen Pflanzenwürze eine Salatsoße zubereiten. Die Zwiebeln schälen und fein hacken und zur Salatsoße geben.
Den Eisbergsalat putzen, waschen, schleudern und zerkleinern. Die Radieschen mit einer Bürste unter fließendem Wasser säubern und putzen. Die Radieschen mit der Küchenmaschine in Scheiben schneiden und mit dem Salat zur Salatsoße geben. Alles miteinander vermischen.

Tomatensalat

250 g Tomaten
1 Knoblauchzehe
1 Frühlingszwiebel
1 Zweig Basilikum
1 KL unraffiniertes Olivenöl
2 EL Wasser
1 KL Molke-Kwass
1 KL Kräutersalz
einige Spritzer flüssige Pflanzenwürze
1 Prise Cayennepfeffer

128

Die Knoblauchzehe schälen und in der Mitte teilen. Damit die Salatschüssel ausreiben. Bei intensiverem Geschmack, die Knoblauchzehe pressen und in die Salatschüssel geben. Die Frühlingszwiebel waschen, klein schneiden und ebenfalls in die Salatschüssel geben. Öl, Wasser, Molke-Kwass, Kräutersalz, flüssige Pflanzenwürze und die Prise Cayennepfeffer dazugeben und alles miteinander vermischen. Die Tomaten waschen und in Scheiben schneiden, dabei den grünen Strunk entfernen. Das Basilikum waschen, abtrocknen und klein hacken, mit den Tomaten zur Salatsoße geben und alles miteinander vermischen.

Romano-Salat

100 g Römischer Salat (Romano)
½ Bund Schnittlauch
1 Zwiebel
1 Knoblauchzehe
1 KL natives Olivenöl
2 EL Wasser
1 KL Brottrunk
1 TL granulierte Gemüsebrühe
einige Spritzer flüssige Pflanzenwürze

Aus dem Öl, dem Wasser, dem Brottrunk, der granulierten Gemüsebrühe, der flüssigen Pflanzenwürze eine Salatsoße zubereiten.
Den Schnittlauch waschen, ausschütteln und in feine Ringe schneiden. Die Zwiebel und die Knoblauchzehe schälen. Die Zwiebel fein hacken und mit der gepreßten Knoblauchzehe sowie dem Schnittlauch zur Salatsoße geben.
Den Salat putzen, waschen, schleudern, zerkleinern und zur Salatsoße geben. Alles miteinander vermischen.

Kopfsalat mit Möhren

100 g Kopfsalat
1 mittlere Möhre
1 Zwiebel
1 KL unraffiniertes Öl
2 EL Wasser
1 KL Molkosan
1 TL Kräutersalz
einige Spritzer flüssige Pflanzenwürze

Aus dem Öl, Wasser, Molkosan, dem Kräutersalz und der flüssigen Pflanzenwürze eine Salatsoße zubereiten. Die Zwiebel schälen, fein hacken und dazugeben. Die Mohrrübe mit der Gemüsebürste unter fließendem Wasser säubern und mit der Küchenmaschine grob reiben.
Den Kopfsalat putzen, waschen, schleudern, zerkleinern, mit der geriebenen Möhre zur Salatsoße geben und mischen.

Paprika-Gurken-Salat

1 roter Paprika
$1/2$ Salatgurke
$1/2$ Bund Dill
$1/2$ Becher Vollmilchjoghurt
1 TL Crème fraîche
1 TL Kräutersalz
einige Spritzer flüssige Pflanzenwürze

Aus dem Vollmilchjoghurt, der Crème fraîche, dem Kräutersalz, der flüssigen Pflanzenwürze eine Salatsoße zubereiten.
Den Dill waschen und klein gehackt zur Salatsoße geben.
Den Paprika und die Gurke waschen. Den Paprika in der

Mitte teilen, den Strunk und das Kerngehäuse entfernen und in feine Streifen schneiden. Die Gurke in schmale Stifte schneiden (Küchenmaschine) und alles zur Salatsoße geben und miteinander vermischen.

Radicchio-Salat

1 kleiner Radicchio
1 Zwiebel
1 Knoblauchzehe
1 KL natives Olivenöl
2 EL Wasser
1 TL Kräutersalz
einige Spritzer flüssige Pflanzenwürze

Aus dem Öl, dem Wasser, dem Kräutersalz und der flüssigen Pflanzenwürze eine Salatsoße zubereiten. Die Zwiebel und die Knoblauchzehe schälen. Die Zwiebel klein hacken, die Knoblauchzehe pressen und beides zur Salatsoße geben.
Den Radicchio putzen, waschen, schleudern und zerkleinern. Zur Salatsoße geben und alles miteinander vermischen.

Endiviensalat mit Cocktailtomaten

100 g Endiviensalat
10 Cocktailtomaten
1 Zwiebel
1 KL unraffiniertes Sonnenblumenöl
2 EL Wasser
1 KL Brottrunk
1 KL Kräutersalz
einige Spritzer flüssige Pflanzenwürze

Aus dem Öl, dem Wasser, dem Brottrunk, dem Kräutersalz und der flüssigen Pflanzenwürze eine Salatsoße zubereiten. Die Zwiebel schälen und klein hacken und zur Salatsoße geben.
Die Cocktailtomaten waschen und in der Mitte einmal teilen.
Den Salat putzen, waschen, schleudern und klein geschnitten mit den Tomatenhälften zur Salatsoße geben und alles miteinander vermischen.

Chinakohlsalat mit gerösteten Sonnenblumenkernen

100 g Chinakohl
2 EL Sonnenblumenkerne
1 KL unraffiniertes Sonnenblumenöl
2 EL Wasser
1 KL Molke-Kwass
1 KL Kräutersalz
einige Spritzer flüssige Pflanzenwürze

Aus dem Öl, dem Wasser, dem Molke-Kwass, dem Kräutersalz und der flüssigen Pflanzenwürze eine Salatsoße zubereiten.

Die Sonnenblumenkerne in einer beschichteten Pfanne auf halber Herdstufe rösten.

Den Chinakohl putzen, waschen, schleudern, klein schneiden und mit den gerösteten Sonnenblumenkernen zur Salatsoße geben. Alles miteinander vermischen.

Brokkoli-Salat mit Mandeln

200 g Brokkoli
1 EL Mandelblättchen
1 Becher Vollmilchjoghurt
1 TL Currypulver
1 TL Kräutersalz

Aus dem Vollmilchjoghurt, dem Currypulver und dem Kräutersalz eine Salatsoße zubereiten.

Den Brokkoli putzen und waschen. Die Brokkoliröschen zerkleinern. Die »Füße« mit der Küchenmaschine fein raffeln und mit den Röschen zusammen zur Salatsoße geben und mischen.

In einer beschichteten Pfanne die Mandelblättchen auf mittlerer Herdstufe goldbraun rösten und über den Brokkolisalat verteilen.

Zucchini-Möhren-Salat

1 mittelgroße Zucchini
2 Möhren
1 Becher Vollmilchjoghurt
1 TL Kräutersalz
einige Spritzer flüssige Pflanzenwürze

Aus dem Vollmilchjoghurt, dem Kräutersalz und der flüssigen
Pflanzenwürze eine Salatsoße zubereiten.
Die Zucchini und die Möhren unter fließendem Wasser mit
einer Gemüsebürste reinigen. Beides in der Küchenmaschine
grob raffeln und zur Salatsoße geben. Alles miteinander vermischen.

Gurken-Rettich-Salat

$^1/_4$ Salatgurke
1 weißer Rettich
1 Frühlingszwiebel
$^1/_2$ Becher Vollmilchjoghurt
1 KL Crème fraîche
1 KL Kräutersalz
2 Zweige Dill

Aus dem Vollmilchjoghurt, der Crème fraîche, dem Kräutersalz eine Salatsoße zubereiten. Die Frühlingszwiebel waschen,
in ganz dünne Ringe schneiden und zur Salatsoße geben. Die
Salatgurke und den Rettich mit der Gemüsebürste säubern,
in dünne Scheiben schneiden und zur Salatsoße geben. Den
Dill darüber verteilen und alles miteinander vermischen. Mit
einem kleinen Zweig Dill garnieren.

Kohlenhydrat-Salate
zum Mitnehmen

Viele Berufstätige haben nicht die Möglichkeit, ein Essen im Betrieb zu erhitzen, oder können bzw. wollen nicht in der Kantine essen. Für all jene hier einige Salatrezepte, die einer vollwertigen Hauptmahlzeit entsprechen.

Da Blattsalate mit Salatsoße gemischt nicht lange haltbar sind, empfehle ich, diese erst unmittelbar vor dem Verzehr zu mischen. Deshalb ist es erforderlich, die Salatsoße getrennt vom gewaschenen, geputzten, geschleuderten Salat mitzunehmen. Zutaten, wie grob geriebenes Gemüse, können mit dem Blattsalat zusammen in einem Behälter mitgenommen werden.

Salate zur Kohlenhydratmahlzeit dürfen *nicht* mit Essig oder Zitronensaft angemacht werden.

Griechischer Bauernsalat

75–100 g Eisbergsalat
1 gelber Paprika
50 g Salatgurke
6 Cocktailtomaten oder eine »normale« Tomate
4 schwarze entsteinte Oliven
1 kleine rote Zwiebel
1 Knoblauchzehe
100 g Schafskäse
1 Vollkornbrötchen

SALATSOSSE:

1 KL natives Olivenöl
2 EL Wasser
1 KL Brottrunk
1 TL Kräutersalz
einige Spritzer flüssige Pflanzenwürze
1 Prise Cayennepfeffer

Am Vorabend den Salat putzen, waschen, schleudern und in einer Schüssel in den Kühlschrank stellen. Paprika, Gurke und Tomaten waschen.

Am nächsten Morgen den Salat aus der Schüssel nehmen und die Schüssel mit der zuvor geschälten und in der Mitte geteilten Knoblauchzehe einreiben. Salat wieder in die Schüssel geben. Die Zwiebel schälen und in hauchdünne Scheiben schneiden.

In einem anderen Behälter aus Öl, Wasser, dem Brottrunk, dem Kräutersalz, der flüssigen Pflanzenwürze und dem Cayennepfeffer die Salatsoße zubereiten (oder jene aus dem Vorrat verwenden, s. S. 123 f.).

Den Paprika in der Mitte teilen, den Strunk und das Kerngehäuse entfernen. Den Paprika, das Gurkenstück, die Tomaten, die Oliven und die Zwiebelringe können Sie zusammen in einem Behälter transportieren, in einem anderen den Schafskäse.

Auf dem Weg zur Arbeit kaufen Sie sich ein frisches Vollkornbrötchen.

In der Mittagspause schneiden Sie ihr Gemüse klein und geben es mit der Salatsoße zu dem Salat und vermischen alles miteinander. Den Schafskäse kleinschneiden und darüber verteilen. Zum Schluß die Zwiebelringe über den gesamten Salat verteilen.

(Sollten Sie am Arbeitsplatz keine Möglichkeit haben, Ihr Gemüse und den Käse kleinzuschneiden, so können Sie dies morgens zu Hause tun und alles zerkleinert mit zur Arbeit nehmen.)

Bunter Kartoffelsalat

150 g Kartoffeln
100 ml Wasser
1 TL granulierte Gemüsebrühe
2 Champignons
4 Radieschen
4 Cocktailtomaten
100 g Erbsen, tiefgefroren
5 EL Wasser
1 TL granulierte Gemüsebrühe
50 g grüner Blattsalat
1 Zwiebel
1 geräuchertes Forellenfilet (Vegetarier ohne)
$^1/_2$ Kästchen Kresse

SALATSOSSE:

1 KL unraffiniertes Öl
2 EL Wasser
1 KL Brottrunk
1 TL Kräutersalz

Am Vorabend die Kartoffeln mit der Gemüsebürste unter fließendem Wasser säubern oder mit dem Sparschäler schälen. Die Kartoffeln in Scheiben schneiden, mit etwas Wasser und einem TL granulierter Gemüsebrühe zum Kochen bringen und 10–15 Minuten auf kleiner Herdstufe garen lassen. Evtl. noch vorhandene Restflüssigkeit abgießen und die Kartoffeln abkühlen lassen. Die Tiefkühlerbsen mit 1 TL granulierter Gemüsebrühe und 5 EL Wasser zum Kochen bringen und dann auf kleinster Herdstufe 2–3 Minuten dünsten lassen. Restflüssigkeit abgießen und aufbewahren.
Den Salat waschen und schleudern. Das Gemüse waschen. Die Zwiebel feinhacken.
Am nächsten Morgen aus der Gemüsebrühe vom Vorabend

mit unraffiniertem Öl, dem Wasser, dem Brottrunk und dem Kräutersalz eine Salatsoße zubereiten.

Die Kartoffelscheiben mit den kleingeschnittenen Radieschen, den gehackten Ziebelwürfeln, den Erbsen, den Champignons und den einmal geteilten Cocktailtomaten oder den in Filets geschnittenen Tomaten vermischen und die Salatsoße darübergeben.

Im Büro eine Schüssel oder einen großen Teller mit dem Blattsalat auslegen. Den Kartoffelsalat darauf verteilen. Das Forellenfilet in Stücke schneiden und ebenfalls über den Salat geben. Die Kresse darüber verteilen.

Sie können 150 g Kartoffeln mehr mitkochen, aus denen Sie dann abends Bratkartoffeln mit Feldsalat und Schinkenspeckwürfelchen zubereiten können.

Nudelsalat

50 g Vollkornnudeln (kleine Sorte)
200 ml kochendes Wasser
1 Tropfen natives Olivenöl
1 Prise Vollmeersalz
300 g Brokkoligemüse
50 ml Wasser
1 KL granulierte Gemüsebrühe
8–10 Cocktailtomaten oder 2 Tomaten
60 g Mozzarella
1 Bund Basilikum
2 Blätter grüner Blattsalat
4 Blätter Radicchio-Salat

SALATSOSSE:
1 Becher Vollmilchjoghurt
1 KL Kräutersalz
1 KL granulierte Gemüsebrühe
1 KL Brottrunk

Am Vorabend die Nudeln mit dem Olivenöl und dem Vollmeersalz al dente kochen. (Die Nudeln sollen noch Biß
haben.) Das Brokkoligemüse waschen, den Strunk entfernen
und mit der feinen Küchenmaschinenreibe zerkleinern. Die
Röschen mit dem Wasser zum Kochen bringen und auf ausgestellter Herdstufe noch ca. 3–4 Minuten ziehen lassen. Brokkoli herausnehmen und kalt stellen.
Die Tomaten waschen. Das Basilikum und den Salat waschen,
schleudern.
Am nächsten Morgen aus dem Vollmilchjoghurt, dem Kräutersalz, dem Brottrunk und der granulierten Gemüsebrühe
eine Salatsoße zubereiten.
Die gekochten Nudeln mit dem zerkleinerten Brokkolistrunk
und den Brokkoliröschen in eine Schüssel geben und die
Salatsoße darüber verteilen.

Mittags im Büro eine Salatschale oder einen großen Teller mit den grünen Salatblättern auslegen, die Radicchioblätter darüberlegen. Die Tomaten kleinschneiden und den Mozzarella in Stücke schneiden und dazugeben. $^3/_4$ des Basilikums kleinschneiden und ebenfalls zum Nudelsalat geben. Alles miteinander vermischen und über die Salatblätter verteilen. Mit dem restlichen Basilikum garnieren.

Sie können 50 g Vollkornnudeln mehr abkochen und diese abends z. B. mit Zwiebeln und Champignonsscheiben braten. Vorweg einen Blattsalat.

Bunter Reissalat

50 g Dreierlei Reismischung
100 g Erbsen, tiefgekühlt oder frisch
100 g Zuckerschoten, tiefgekühlt oder frisch
50 ml Wasser
1 TL granulierte Gemüsebrühe
1 roter Paprika
1 Becher körniger Frischkäse
1 Chicorée

SALATSOSSE:
1 Becher Vollmilchjoghurt
1 KL Kräutersalz
1 EL gehackte Kräutermischung, tiefgefroren

Den Reis mit 100 ml Wasser zum Kochen bringen, Herd auf
kleinste Stufe herunterstellen und 30–40 Minuten ausquellen
lassen. – Das Tiefkühlgemüse in 50 ml Wasser geben und mit
granulierter Gemüsebrühe würzen. Das Ganze zum Kochen
bringen, dann auf kleinster Herdstufe 5 Minuten ziehen lassen.
Aus dem Vollmilchjoghurt, dem Kräutersalz und den Kräutern eine Salatsoße zubereiten.
Den Chicorée putzen, die einzelnen Blätter ganz lassen und
waschen, schleudern. Paprika waschen, einmal teilen, den
Strunk und das Kerngehäuse entfernen und klein schneiden.
Am nächsten Morgen die Erbsen, die Zuckerschoten und den
Paprika mit dem Reis mischen und die Salatsoße darüber ver-
teilen.
Am Mittag einen Salatteller oder eine Salatschale mit den
Chicoréeblättern auslegen. Den körnigen Frischkäse unter
den Reissalat geben und mischen. Alles auf den Chicoréeblät-
tern verteilen.
Sie können 50 g Reis mit 100 ml Wasser zusätzlich garen. Den
gegarten Reis abends mit einer kleingehackten Zwiebel und
Gemüse, z. B. Zucchini, garen.

Chinakohl-Möhren-Salat
mit Lachsbrötchen

250 g Chinakohl
250 g Möhren
1 Zwiebel
1 EL Sonnenblumenkerne

SALATSOSSE:

1 Becher Vollmilchjoghurt
1 KL Kräutersalz
1 KL Brottrunk
einige Spritzer flüssige Pflanzenwürze

BRÖTCHEN MIT BELAG:

80 g geräucherter Lachs
2 Zweige Dill
1 Roggenvollkornbrötchen

Am Vorabend aus dem Vollmilchjoghurt, dem Brottrunk, dem Kräutersalz und der flüssigen Pflanzenwürze eine Salatsoße zubereiten und in den Kühlschrank stellen.

Den Chinakohl putzen, waschen und in sehr schmale Streifen schneiden. Die Möhren grob raffeln. Das Gemüse in einem Behälter verschlossen in den Kühlschrank stellen. Am nächsten Morgen die Salatsoße über das Gemüse geben und mischen. In einer beschichteten Pfanne den EL Sonnenblumenkerne rösten und zum Salat geben.

Auf dem Weg zur Arbeit ein Vollkornbrötchen kaufen.

Mittags einen Teil des Dills über den Salat geben und alles noch einmal miteinander vermischen. Das Vollkornbrötchen aufschneiden und die beiden Hälften mit Lachs belegen. Mit dem restlichen Dill garnieren. Auf Wunsch kann das Lachsbrötchen noch mit Zwiebelringen garniert werden.

Warme Kohlenhydratgerichte

Kartoffelpuffer mit Lachs

Salatvorschlag: Feldsalat mit Croutons (s. S. 125)

100 g Kartoffeln
1 kleine Mohrrübe
1 Zwiebel
1 EL Quark
1 Prise Vollmeersalz
1 KL granulierte Gemüsebrühe
1 Msp Butterschmalz
50 g Quark
1 Prise Kräutersalz
1 EL Wasser
1 Zweig Dill
80 g geräucherter Lachs

Kartoffeln, Mohrrübe und Zwiebel fein reiben. Die Masse in ein Spitzsieb geben und das Kartoffelwasser in einer Schüssel auffangen. Ca. 5 Minuten stehen lassen und die Flüssigkeit vorsichtig abgießen. Die am Boden verbleibende Stärke zu der geriebenen Masse geben. Den EL Quark, das Vollmeersalz und die granulierte Gemüsebrühe ebenfalls zu dieser Masse geben, alles miteinander vermischen und einen Puffer daraus formen. Eine beschichtete Pfanne mit wenig Butterschmalz einfetten und den Kartoffelpuffer von beiden Seiten ca. 4–5 Minuten backen.

Den Quark mit dem Wasser, dem Kräutersalz und etwas gehacktem Dill vermischen und auf einem Teller anrichten. Gebackenen Kartoffelpuffer dazugeben. Mit Lachs garnieren.

Folienkartoffel

Salatvorschlag: Eichblattsalat (s. S. 126)

1 Kartoffel, ca. 150 g
2 Zweige krause Petersilie
1 EL Magerquark
1 EL Kräuter
1 EL Crème fraîche
1 Prise Kräutersalz

Die Petersilie waschen und ausschütteln. Die Hälfte hacken.
Den Quark mit der Crème fraîche, der gehackten Petersilie und dem Kräutersalz mischen.
Die Kartoffel mit der Gemüsebürste unter fließendem Wasser säubern. Im Schnellkochtopf mit etwas Wasser zum Kochen bringen. Die Hitze herunterstellen und ca. 5–8 Minuten garen lassen. Den Topf von der Herdplatte nehmen und stehen lassen, bis das Ventil unten ist. Den Topf öffnen. Die Kartoffel in Folie geben, in der Mitte aufschneiden, leicht auseinanderbiegen und mit der Quarkmasse füllen. Mit dem Zweig krauser Petersilie garnieren.

Bratkartoffeln

Salatvorschlag: Löwenzahnsalat mit Speck (s. S. 126)

100–150 g Kartoffeln
100 ml Wasser
1 Zwiebel
1 TL Majoran
50 g Schinkenspeckwürfel
1 TL granulierte Gemüsebrühe

Die Kartoffel evtl. noch vom Vortag. Sonst mit der Gemüsebürste unter fließendem Wasser bürsten. In Scheiben schneiden und mit wenig Wasser und einer Prise Vollmeersalz zum
Kochen bringen und auf halber Herdstufe garen.
In der Zwischenzeit die Schinkenspeckwürfel in einer beschichteten Pfanne auf halber Herdstufe auslassen. Die gegarten Kartoffeln dazugeben und mitbraten. Mit einem TL
granulierter Gemüsebrühe würzen. Nach ca. 5 Minuten die
gehackten Zwiebeln dazugeben und mit Majoran bestreuen.
Nochmals ca. 5 Minuten braten lassen.

Kartoffel-Kohlrabi-Gratin

Salatvorschlag: Chicorée-Salat (s. S. 127)

1 Kohlrabi
150 ml Wasser
150 g Kartoffeln
100 ml Wasser
1 KL süße Sahne
1 EL Vollmilchjoghurt
1 Scheibe Wörishofener-Käse 60 % F. i. T.
1 TL granulierte Gemüsebrühe
1 Meßl. Biobin (Johannisbrotkernmehl)

Beim Kohlrabi die äußersten Blätter entfernen. Die inneren Blätter waschen, ausschütteln und klein hacken. Den Kohlrabi schälen und in dünne Scheiben schneiden, diese einmal in der Mitte teilen. In 150 ml kochendes Wasser geben, die Herdplatte auf kleinste Stufe stellen und ca. 5–8 Minuten dünsten lassen. Herdplatte abstellen und Kohlrabi herausnehmen.

Die Kartoffel mit der Gemüsebürste unter fließendem Wasser säubern oder schälen. In Scheiben schneiden. Diese mit dem 100 ml Wasser zum Kochen bringen und dann auf halber Herdstufe ca. 15 Minuten garen lassen.

Zur Gemüseflüssigkeit die Sahne, den Vollmilchjoghurt, die granulierte Gemüsebrühe und das Biobin hinzugeben und alles kurz aufkochen lassen. Die Käsescheibe in Streifen schneiden. Die Kohlrabiblätter klein hacken.

Den Backofen auf 200 Grad vorheizen. In einer kleinen Auflaufschale die Kohlrabi- und die Kartoffelscheiben schichtweise hineingehen. Das kleingehackte Kohlrabigrün gleichmäßig darüberstreuen. Die Soße über den Auflauf geben, die Käsestreifen darüber verteilen und im vorgeheizten Backofen ca. 10 Minuten überbacken.

Falls Sie das Gericht vorbereiten, lassen Sie den Käse weg. Im vorgeheizten Backofen bei 200 Grad das Gericht ca. 30 Minuten erhitzen. Dann den Käse darüber verteilen und nochmals 10 Minuten backen lassen. Den Backofen 5 Minuten vor Beendigung abstellen und die Restwärme nutzen, d. h. noch 5 Minuten im abgestellten Backofen stehen lassen.

Überbackene Kartoffelrösti

Salatvorschlag: Eisbergsalat mit Radieschen (s. S. 128)

150 g Kartoffeln
1 Zwiebel
1 Msp Butterschmalz
1 KL granulierte Gemüsebrühe
1 Scheibe = 25 g Mozzarella

Die Kartoffeln unter fließendem Wasser mit einer Gemüsebürste säubern. Die Zwiebel schälen und mit den Kartoffeln
in der Küchenmaschine grob reiben (sieht wunderschön aus,
wenn die Kartoffel mit der Schale gerieben wird). Die granulierte Gemüsebrühe dazu geben und alles miteinander vermischen. In einer beschichteten Pfanne eine Msp Butterschmalz
erhitzen und die Kartoffel-Zwiebel-Masse von beiden Seiten
bei mittlerer Hitze jeweils ca. 5 Minuten braten. Wenn das
Rösti fertig ist, eine Scheibe Mozzarella auf das Rösti legen
und 2–3 Minuten ziehen lassen, bis der Käse verlaufen ist.

Gemüsetortellini mit Paprikasahne

*Salatvorschlag: **Tomatensalat*** (s. S. 128)

50 g Gemüsetortellini ohne Ei
500 ml Wasser
1 Prise Vollmeersalz
4–5 Tropfen natives Olivenöl
1 Knoblauchzehe
1 Zwiebel
1 EL Wasser
1 roter Paprika
1 roter Peperone
1 KL granulierte Gemüsebrühe
1 KL süße Sahne
1 EL Wasser
1 EL Kürbiskerne

Das Wasser mit dem Olivenöl und der Prise Salz zum Kochen bringen. Die Vollkorngemüsetortellini darin ca. 20–25 Minuten kochen lassen und anschließend abgießen. Beachten Sie bitte die Packungsangabe und ziehen Sie 5 Minuten der Garzeit ab. Halten Sie sich genau an die angegebene Garzeit, das ist meine Erfahrung, zerfallen Ihnen die Tortellinis.

Die Zwiebel fein hacken. Paprika und Peperone waschen, einmal in der Mitte durchschneiden, den Strunk und das Kerngehäuse entfernen. Den Peperone sehr fein hacken. Den Paprika ebenfalls sehr kleinschneiden. Die Zwiebelwürfel mit der durchgepreßten Knoblauchzehe und einem EL Wasser glasig dünsten. Peperone, Paprika und die granulierte Gemüsebrühe, die süße Sahne und den zweiten EL Wasser dazugeben und abgedeckt auf kleiner Flamme etwa 3–4 Minuten köcheln lassen.

Die Nudeln abgießen. Auf einen Teller geben, die Soße darüber verteilen und mit den Kürbiskernen bestreuen.

Bandnudeln Emilia Romagna

Salatvorschlag: Romano-Salat (s. S. 129)

50 g Vollkornbandnudeln ohne Ei
500 ml Wasser
1 Prise Vollmeersalz
3–4 Tropfen natives Olivenöl
2 Zweige Basilikum
1 Scheibe Parmaschinken
3 grüne Oliven
2 EL Wasser
1 KL süße Sahne
1 TL granulierte Gemüsebrühe
1 Zwiebel
1 Knoblauchzehe
1 TL natives Olivenöl
einige Spritzer flüssige Pflanzenwürze
1 Prise Cayennepfeffer
50 g Mozzarella

Das Wasser mit einer Prise Vollmeersalz und einigen Tropfen Olivenöl zum Kochen bringen und die Nudeln darin al dente kochen und abgießen. (Die Nudeln sollen noch Biß haben.) In der Zwischenzeit die Zwiebeln und die Knoblauchzehe schälen. Die Zwiebel klein hacken, die Knoblauchzehe pressen und mit einem TL Olivenöl dünsten. Die Oliven entsteinen, in Scheiben schneiden und dazugeben. Mit granulierter Gemüsebrühe, Cayennepfeffer und flüssiger Pflanzenwürze abschmecken. Wasser und süße Sahne dazugeben. Den Käse klein hacken und zur Soße geben. Das Basilikum waschen, trockentupfen und klein hacken. Den Parmaschinken in dünne Streifen schneiden. Die Nudeln auf dem Teller anrichten, mit dem Parmaschinken bestreuen und die Soße über die Nudeln verteilen. Zum Abschluß mit dem gehackten Basilikum garnieren.

Nudel-Pilz-Auflauf

Salatvorschlag: Kopfsalat mit Möhren (s. S. 130)

50 g Vollkornnudeln ohne Ei
500 ml Wasser
3–4 Tropfen natives Olivenöl
1 Prise Vollmeersalz, 1 Zwiebel, 1 Knoblauchzehe
1 EL Wasser
250 g Champignons
1 Zweig Liebstöckel, 3–4 Zweige Petersilie
1 KL granulierte Gemüsebrühe
1 Prise Cayennepfeffer
_$^1/_2$ Becher Vollmilchjoghurt_
1 KL Kräuter-Crème-fraîche

Das Wasser mit einer Prise Vollmeersalz und einigen Tropfen Olivenöl zum Kochen bringen. Die Nudeln darin al dente kochen und abgießen. (Die Nudeln sollen noch Biß haben.)
Petersilie und Liebstöckel waschen, abtrocknen und klein hacken.
Die Champignons unter fließendem Wasser mit einer Bürste säubern und in Scheiben schneiden.
Den Backofen auf 200 Grad vorheizen.
Die Zwiebel und die Knoblauchzehe schälen. Die Zwiebel fein hacken und die Knoblauchzehe pressen, alles in einer vorgewärmten Pfanne mit 1 EL Wasser andünsten. Die Champignonscheiben dazugeben und 2–3 Minuten mitdünsten lassen. Mit der granulierten Gemüsebrühe und dem Cayennepfeffer würzen. Den Vollmilchjoghurt und die Crème fraîche hineinrühren und mit den Kräutern bestreuen.
Eine Auflaufform mit einem Fettpinsel einfetten.
$^2/_3$ der Soße mit den gekochten Nudeln vermischen und diese dann in die Auflaufform geben. Die restliche Soße darüber verteilen und den Nudelauflauf ca. 10 Minuten im Backofen überbacken.

Gebackene Spaghetti-Nester

*Salatvorschlag: **Paprika-Gurken-Salat*** (s. S. 130)

50 g Vollkornspaghetti ohne Ei
500 ml Wasser
1 Prise Vollmeersalz
3–4 Tropfen natives Olivenöl
1 Msp Butterschmalz
1 EL Vollkornbrösel
1 KL granulierte Gemüsebrühe
1 KL Pinienkerne

Das Wasser mit einer Prise Vollmeersalz und einigen Tropfen Olivenöl zum Kochen bringen und die Nudeln darin al dente kochen (die Nudeln sollen noch Biß haben), abgießen und mit einem Glas kaltem Wasser abschrecken. Die Nudeln mit Hilfe einer Gabel und einem Löffel zu einem Nest drehen.

In einer beschichteten Pfanne das Butterschmalz erhitzen und das Spaghettinest hineinsetzen und kurz anbraten lassen. Mit der Hälfte der granulierten Gemüsebrühe, den Vollkornbröseln und den Pinienkernen bestreuen. Nach ca. 3 Minuten wenden und mit der restlichen granulierten Gemüsebrühe, den Vollkornbröseln und den Pinienkernen bestreuen und ebenfalls goldgelb ausbacken.

Käsespätzle

Salatvorschlag: Radicchio-Salat (s. S. 131)

50 g Vollkornspätzle ohne Ei
500 ml Wasser
1 Prise Vollmeersalz
3–4 Tropfen natives Olivenöl
1 KL granulierte Gemüsebrühe
einige Spritzer flüssige Pflanzenwürze
1 Scheibe Dän. Kernherm-Käse 60 % F. i. T.
1 Msp Butterschmalz
1 mittlere Zwiebel

Das Wasser mit der Prise Vollmeersalz und dem Olivenöl zum Kochen bringen, die Nudeln al dente darin kochen (die Nudeln sollen noch Biß haben), abgießen.
Den Backofen auf 200 Grad vorheizen. Eine Auflaufform mit dem Fettpinsel einfetten. Den Käse klein hacken.
Die Zwiebel schälen und in Scheiben schneiden. In einer beschichteten Pfanne das Butterschmalz auslassen und die Zwiebelringe darin goldbraun backen lassen. Die gekochten Nudeln mit dem Käse mischen und mit der granulierten Gemüsebrühe und der flüssigen Pflanzenwürze abschmecken. Die goldbraunen Zwiebelringe darüber verteilen. Die Käsespätzle ca. 10 Minuten in dem vorgeheizten Backofen backen lassen.

Reispfanne chinesisch

Salatvorschlag: Endivien mit Cocktailtomaten (s. S. 132)

40 g Naturreis
20 g Wildreis
120 ml Wasser
1 Zwiebel
1 Knoblauchzehe
300 g Chinesische Gemüsemischung tiefgefroren
granulierte Gemüsebrühe
2 KL Currypulver
1 Prise Cayennepfeffer
1 Msp Butterschmalz

Den Reis mit der granulierten Gemüsebrühe und den 120 ml kaltem Wasser zum Kochen bringen. Herdplatte auf kleinste Stufe stellen und ca. 30–35 Minuten ausquellen lassen.
Die Zwiebel und die Knoblauchzehe schälen und die Zwiebel klein hacken, die Knoblauchzehe pressen. In einer beschichteten Pfanne die Msp Butterschmalz erhitzen, Zwiebel und Knoblauch dazugeben und alles miteinander dünsten. Das tiefgefrorene Gemüse hinzugeben und auf mittlerer Stufe bei gelegentlichem Umrühren erhitzen. Den gegarten Reis dazugeben, mit Currypulver und Cayennepfeffer abschmecken.

Gefüllte Paprika

Salatvorschlag: Chinakohlsalat mit gerösteten Sonnenblumenkernen (s. S. 132)

40 g roter Camargue-Reis
80 ml Wasser
1 TL granulierte Gemüsebrühe
1 großer grüner Paprika
1 Tomate
1 KL gemischte Kräuter, frische oder tiefgefrorene
1 Msp Butterschmalz
1 Zwiebel
1 Knoblauchzehe
1 EL Kräuterfrischkäse, z. B. Bresso

Den Reis mit dem Wasser und der granulierten Gemüsebrühe zum Kochen bringen und dann auf kleinster Herdstufe ca. 30–35 Minuten quellen lassen.

In der Zwischenzeit den Paprika waschen. Den Deckel abschneiden, das Kerngehäuse entfernen.

Die Zwiebel und die Knoblauchzehe schälen. Die Zwiebel kleinhacken. Die Tomaten waschen und ebenfalls in Würfel schneiden, dabei den grünen Stiel entfernen.

Den Backofen auf 200 Grad vorheizen.

In einer beschichteten Pfanne mit einer Msp Butterschmalz die Zwiebelwürfel dünsten, die Knoblauchzehe pressen und dazugeben. Den gegarten Reis, die granulierte Gemüsebrühe und die Tomatenstückchen sowie den Kräuterfrischkäse hinzugeben und alles miteinander vermischen.

Den Paprika mit dieser Masse füllen und den Deckel wieder daraufsetzen.

Mit dem Fettpinsel eine kleine hitzefeste Schale einfetten. Die gefüllte Paprikaschote hineinsetzen und im vorgeheizten Backofen ca. 10–15 Minuten backen lassen.

Reis-Fisch-Brokkoli-Pfanne

*Salatvorschlag: **Brokkoli-Salat mit Mandeln** (s. S. 133)*

50 g Naturreis
100 ml Wasser
1 Msp Safran
300 g Brokkoli
50 ml Wasser
1 KL granulierte Gemüsebrühe
1 EL Kräuterfrischkäse
1 Schillerlocke

Den Naturreis mit dem Safran im Wasser zum Kochen bringen und dann bei kleinster Stufe ca. 30–35 Minuten quellen lassen.

Den Brokkoli putzen und waschen. Das Wasser in einen Topf geben, die Brokkoliröschen hinzugeben, mit granulierter Gemüsebrühe bestreuen und zum Kochen bringen, dann die Herdstufe auf mittlere Stufe stellen und ca. 3–5 Minuten garen lassen. Das Gemüse sollte noch Biß haben. In der Zwischenzeit die Schillerlocke in schräge Streifen schneiden. Den gegarten Reis zum Gemüse geben, den Kräuterfrischkäse darübergeben und abgedeckt 2–3 Minuten stehen lassen, so daß der Käse verlaufen kann. Auf einem Teller anrichten und die Schillerlockenstreifen darüber verteilen.

Gefüllte Aubergine

Salatvorschlag: Zucchini-Möhren-Salat (s. S. 134)

50 g Naturreis, 100 ml Wasser
1 KL granulierte Gemüsebrühe
1 TL Paprikapulver
1 große Aubergine
100 ml Wasser
1 Zwiebel, 1 Knoblauchzehe
1 EL körniger Frischkäse
1 Scheibe Rahmgoudakäse 60 % F. i. T.
4–5 Zweige Petersilie

Den Reis mit dem kalten Wasser zum Kochen bringen, Herdstufe auf kleinste Stufe stellen und ca. 30–35 Minuten quellen lassen.

Die Petersilie waschen, ausschütteln und klein hacken. Die Aubergine waschen und längs in der Mitte teilen. Mit einem Löffel das Fruchtfleisch in der Mitte entfernen, kleinhacken und zur Seite stellen.

Die Auberginenhälften in einer höheren Pfanne mit 100 ml Wasser zum Kochen bringen und ca. 10–15 Minuten dünsten lassen. – Den Backofen auf 200 Grad vorheizen.

In der Zwischenzeit die Zwiebel und die Knoblauchzehe schälen. Die Zwiebel in feine Würfel schneiden und in einer beschichteten Pfanne mit der durchgepreßten Knoblauchzehe dünsten. Das kleingehackte Auberginenfruchtfleisch, den gegarten Reis, den körnigen Frischkäse und die gehackte Petersilie dazugeben. Mit Paprikapulver und der granulierten Gemüsebrühe abschmecken.

Eine Auflaufform mit einem Fettpinsel einfetten. Die gegarten Auberginenhälften herausnehmen und in die Auflaufform setzen. Die Auberginen mit der Reismischung füllen. Den Schnittkäse in Streifen schneiden und darüber verteilen.

Im vorgeheizten Backofen ca. 10–15 Minuten backen lassen.

Avocado-Reis mit Zuckerschoten

Salatvorschlag: Gurken-Rettich-Salat (s. S. 134)

50 g Wildreis
100 ml Wasser
250 g Zuckerschoten, frisch oder tiefgefroren
50 ml Wasser
$^1/_2$ Avocado
1 KL granulierte Gemüsebrühe
1 KL Kräuterfrischkäse

Den Wildreis mit dem Wasser zum Kochen bringen. Den Herd auf kleinste Stufe stellen und den Reis ca. 30–35 Minuten quellen lassen.

Die Zuckerschoten mit 50 ml Wasser zum Kochen bringen und auf mittlerer Herdstufe 4–5 Minuten garen lassen. Die Avocado schälen, entkernen und eine Hälfte in Würfel schneiden. (Die andere Hälfte kann am nächsten Tag für den Salat verwendet werden, oder doppelte Portion kochen und eine Portion einfrieren.) Den gegarten Reis mit den Zuckerschoten, der granulierten Gemüsebrühe, den Avocadostückchen und dem Kräuterfrischkäse mischen.

Salate zur Eiweißmahlzeit

Hinweis zu den Salaten bzw. der Frischkost auf Seite 121 f. beachten! Zur **Eiweißmahlzeit** dürfen alle Säuerungsmittel, **Essig, Zitronensaft, Brottrunk, Molkosan, Molke-Kwass** verwendet werden.

Waldorfsalat

$^{1}/_{2}$ = 400 g Sellerieknolle
1 saurer Apfel
10 Walnußhälften
$^{1}/_{2}$ *Becher Vollmilchjoghurt*
1 EL saure Sahne
1 Prise Vollmeersalz
1 Prise Cayennepfeffer

Aus dem Vollmilchjoghurt, der sauren Sahne, dem Vollmeersalz und dem Cayennepfeffer eine Salatsoße zubereiten.
Zwei Walnußhälften auf die Seite legen, die übrigen Walnußkerne grob hacken.
Den Sellerie schälen. Den gewaschenen Apfel in der Küchenmaschine fein raffeln und mit den Walnüssen zur Salatsoße geben. Alles miteinander vermischen. Mit den beiden Walnußhälften garnieren.

Radicchio-Salat mit Trauben

1 kleiner Radicchio
100 g rote Weintrauben
100 g weiße Weintrauben
1 Becher Vollmilchjoghurt
etwas Zitronensaft
1 Prise Vollmeersalz
einige Spritzer flüssige Pflanzenwürze

Aus dem Vollmilchjoghurt, dem Zitronensaft, dem Vollmeersalz und der flüssigen Pflanzenwürze eine Salatsoße zubereiten.
Die Weintrauben waschen und in der Mitte einmal durchschneiden.
Den Radicchio putzen, waschen, schleudern, zerkleinern und mit den Weintrauben zusammen zur Salatsoße geben und alles miteinander vermischen.

Römischer Salat mit gedünsteten Champignons

100 g Römischer Salat (Romano)
5 Champignons
1 Knoblauchzehe
1 Zwiebel
1 KL natives Olivenöl
2 EL Wasser
1 KL Zitronensaft
1 TL Kräutersalz
einige Spritzer flüssige Pflanzenwürze

Die Knoblauchzehe schälen, in der Mitte teilen und die Salat-schüssel damit ausreiben. Bei intensiverem Geschmack die Knoblauchzehe pressen und in die Salatschüssel geben. Das Öl, Wasser, Zitronensaft, Kräutersalz, flüssige Pflanzenwürze hinzufügen. Die Zwiebel fein hacken und ebenfalls zur Salat-soße geben und verrühren.

Die Champignons unter fließendem Wasser abbürsten, in Scheiben schneiden und in einer beschichteten Pfanne dünsten.

Den Salat putzen, waschen, schleudern, zerkleinern und mit den gedünsteten Champignons zur Salatsoße geben. Alles miteinander vermischen.

Chicorée-Mandarinen-Salat

1 mittlerer Chicorée
1 Mandarine
1 Orange
etwas Zitronensaft
1 Becher Vollmilchjoghurt
1 KL saure Sahne
1 Prise Vollmeersalz
einige Spritzer flüssige Pflanzenwürze

Die Orange in der Mitte teilen und eine Hälfte auspressen, mit dem Zitronensaft, dem Vollmilchjoghurt, der sauren Sahne, dem Vollmeersalz und der flüssigen Pflanzenwürze eine Salatsoße herstellen.

Die zweite Hälfte der Orange schälen und das Fruchtfleisch klein schneiden. Die Mandarine schälen und filetieren.

Den Chicorée putzen, waschen, schleudern und mit den Mandarinenspalten und Orangenstücken zur Salatsoße geben. Alles miteinander vermischen.

Spinatsalat

100 g junger Spinat
1 Frühlingszwiebel
1 Knoblauchzehe
1 KL natives Olivenöl
2 EL Wasser
1 KL Balsamico-Essig
1 TL Kräutersalz
einige Spritzer flüssige Pflanzenwürze

Aus dem Öl, Wasser, dem Essig, dem Kräutersalz und der flüssigen Pflanzenwürze eine Salatsoße zubereiten. Die Frühlingszwiebel fein hacken und mit der gepreßten Knoblauchzehe zur Salatsoße geben und alles miteinander vermischen. Den Spinat säubern, dabei die etwas stärkeren Stiele entfernen, waschen, schleudern und zur Salatsoße geben und alles miteinander vermischen.

Paprikasalat

1 kleiner roter Paprika
1 kleiner gelber Paprika
1 kleiner grüner Paprika
1 kleine rote Zwiebel
1 EL natives Olivenöl
3 EL Wasser
1 KL Balsamico-Essig
1 KL Kräutersalz
einige Spritzer flüssige Pflanzenwürze

Aus dem Öl, Wasser, dem Balsamico-Essig, dem Kräutersalz und der flüssigen Pflanzenwürze eine Salatsoße zubereiten.

Den Paprika waschen und jeweils den Deckel abschneiden. Den Strunk und das Kerngehäuse entfernen, in schmale runde Scheiben schneiden und auf einem Teller anrichten. Die Zwiebel schälen und ebenfalls in schmale runde Scheiben schneiden. Die einzelnen Zwiebelringe lösen und über den Paprika verteilen. Die Salatsoße darüber verteilen.

Frisée-Salat mit Radieschen

100 g Frisée-Salat
6 Radieschen
1 Zwiebel
1 Knoblauchzehe
1 KL unraffiniertes Öl
2 EL Wasser
1 TL Balsamico-Essig
1 KL Kräutersalz
1 Prise Cayennepfeffer
einige Spritzer flüssige Pflanzenwürze

Die Knoblauchzehe schälen und in der Mitte teilen. Die Salatschüssel damit ausreiben oder die gepreßte Knoblauchzehe in die Salatschüssel geben. Die Zwiebel schälen, klein hacken und mit dem Öl, Wasser, Essig, Kräutersalz, Cayennepfeffer und der flüssigen Pflanzenwürze in die Salatschüssel geben und alles miteinander verrühren.
Die Radieschen mit der Gemüsebürste waschen, putzen und in Scheiben schneiden.
Den Salat putzen, waschen, schleudern und zerkleinern.
Radieschen und Salat zur Salatsoße geben und alles miteinander vermischen.

Eisbergsalat mit Gorgonzolasoße

100 g Eisbergsalat
1 Knoblauchzehe
1 Becher Vollmilchjoghurt
50 g Gorgonzola
1 TL Balsamico-Essig
1 TL Kräutersalz, 1 EL Kresse

Den Gorgonzola mit einer Gabel zerdrücken und anschließend den Vollmilchjoghurt, den Balsamico-Essig, das Kräutersalz unterrühren.
Die Knoblauchzehe schälen und einmal in der Mitte durchschneiden und den Salatteller damit ausreiben.
Den Eisbergsalat putzen, waschen, schleudern zur Salatsoße geben und alles miteinander vermischen. Die Kresse darüber verteilen.

Kopfsalat mit Avocado

$^1/_2$ Kopfsalat, 1 Avocado
1 Becher Vollmilchjoghurt
1 KL Balsamico-Essig, 1 KL Kräutersalz
einige Spritzer flüssige Pflanzenwürze
1 TL Curry

Aus dem Vollmilchjoghurt, dem Essig, dem Kräutersalz, dem Curry und der flüssigen Pflanzenwürze eine Salatsoße zubereiten.
Die Acovado schälen und entsteinen. Das Avocado-Fleisch in Würfel schneiden.
Den Kopfsalat putzen, waschen, schleudern und mit den Avocadostücken zur Salatsoße geben. Alles miteinander vermischen.

Batavia-Salat

100 g Batavia-Salat
1 Zwiebel, 1 Knoblauchzehe
einige Stengel Schnittlauch
1 KL unraffiniertes Öl, 2 EL Wasser
1 KL Balsamico-Essig
1 KL Kräutersalz

Die Knoblauchzehe schälen, in der Mitte teilen und die Salat-schüssel damit ausreiben. Bei intensiverem Geschmack die Knoblauchzehe pressen und in die Salatschüssel geben. Öl, Wasser, Balsamico-Essig, Kräutersalz dazugeben. Die Zwie-bel fein hacken und ebenfalls dazugeben und alles miteinan-der vermischen.
Den Batavia-Salat putzen, waschen, schleudern und zerklei-nern, Salat zur Salatsoße geben. Den gewaschenen und abge-tupften Schnittlauch am besten mit einer Schere über den Salat schneiden und alles miteinander vermischen.

Lollo-Rosso-Salat mit Pistazien

100 g Lollo-Rosso-Salat
1 EL Pistazien
1 KL natives Olivenöl, 2 EL Wasser
1 KL Kräutersalz, 1 TL Zitronensaft
einige Spritzer flüssige Pflanzenwürze

Aus dem Öl, dem Wasser, dem Zitronensaft, dem Kräutersalz und der flüssigen Pflanzenwürze eine Salatsoße zubereiten. Die Pistazien grob hacken.
Den Lollo-Rosso-Salat putzen, waschen, schleudern, zerklei-nern und zur Salatsoße geben. Alles miteinander vermischen. Den Salat mit den gehackten Pistazien bestreuen.

Eichblattsalat mit Zucchini

100 g Eichblattsalat
1 kleine Zucchini
1 Zwiebel
1 Knoblauchzehe
1 KL unraffiniertes Öl
2 EL Wasser
1 KL Balsamico-Essig
1 KL Kräutersalz
1 Prise Cayennepfeffer

Aus dem Öl, Wasser, Essig, Kräutersalz und dem Cayennepfeffer eine Salatsoße zubereiten. Die Zwiebel und die Knoblauchzehe schälen. Die Zwiebel fein hacken, die Knoblauchzehe pressen und alles zur Salatsoße geben.
Die Zucchini mit der Gemüsebürste unter fließendem Wasser säubern und grob raffeln.
Den Eichblattsalat putzen, waschen, schleudern und mit der zerkleinerten Zucchini zur Salatsoße geben. Alles miteinander vermischen.

Eiweiß-Salate zum Mitnehmen

Salatsoßen zur Eiweißmahlzeit dürfen mit *allen* Säuerungs-
mitteln wie Essig, Zitronensaft, Brottrunk, Molkosan und
Molke-Kwass angemacht werden.

EIWEISS-SALATE ALS HAUPTMAHLZEIT
ZUM MITNEHMEN

Gorgonzola-Birnen-Salat

¹/₂ Kopf Eisbergsalat
1 Williamsbirne
80 g Gorgonzola
50 g grob gehackte Walnüsse

SALATSOSSE:

¹/₂ Becher Vollmilchjoghurt
1 KL Balsamico-Essig
1 Prise Paprikapulver
1 Prise Vollmeersalz

Am Vorabend den Eisbergsalat waschen, schleudern und in
einer Schüssel in den Kühlschrank stellen.
Die Birne waschen.
25 g des Gorgonzola mit einer Gabel in dem Vollmilchjoghurt
zerdrücken, mit Balsamico-Essig, Paprikapulver und der Prise
Vollmeersalz abschmecken und in einem Behälter in den
Kühlschrank stellen. Die Walnüsse grob hacken und in einen

kleinen Behälter geben. Den restlichen Gorgonzola in einen Behälter geben.

In der Mittagspause: Eine Salatschale oder einen großen Teller mit der Hälfte der Salatblätter auslegen. Den restlichen Salat zerkleinern. Die Birne in der Mitte teilen, das Kerngehäuse entfernen und die Birne in kleine Stücke schneiden. Den Gorgonzola klein schneiden. Den zerkleinerten Salat, die Birnen- und Käsestückchen mit der Salatsoße übergießen und mischen. Den Salat auf den vorbereiteten Teller bzw. in die Schüssel geben. Abschließend mit den Walnußstücken bestreuen.

Tofusalat

100 g Feldsalat
1 Tomate, 1 Mohrrübe, 1 Zucchini
100 g Kräutertofu
1 Zwiebel

SALATSOSSE:

1 KL natives Olivenöl
2 EL Wasser
1 KL Balsamico-Essig
1 Prise Kräutersalz
einige Spritzer flüssige Pflanzenwürze

Am Vorabend den Feldsalat waschen, schleudern und putzen. Die Zucchini und die Mohrrübe unter fließendem Wasser mit einer Gemüsebürste säubern.

Aus dem Olivenöl, dem Wasser, dem Balsamico-Essig, dem Kräutersalz und der flüssigen Pflanzenwürze eine Salatsoße zubereiten und in den Kühlschrank stellen.

Am nächsten Morgen die Zucchini und die Mohrrübe in der Küchenmaschine grob raffeln und in eine Schüssel geben.

Am Arbeitsplatz die Tomate waschen, den grünen Stiel entfernen, die Tomate in Achtel schneiden und mit dem geraffelten Gemüse zum Feldsalat geben. Den Kräutertofu in Würfel schneiden und ebenfalls dazugeben. Die Salatsoße darüber verteilen und alles miteinander vermischen.

Putensalat

50 g Feldsalat
1 kleiner Radicchio
2 Radieschen, 2 Egerlinge, $^1/_2$ Avocado
$^1/_2$ Kästchen Kresse
100 g Putenfilet

SALATSOSSE:

1 Becher Vollmilchjoghurt
1 EL Kräuter-Crème-fraîche
1 TL Kräutersalz
1 TL Balsamico-Essig

Am Vorabend den Salat und das Gemüse waschen. Die Avocado schälen und entsteinen. Eine Hälfte der Avocado in Stückchen schneiden.
Aus dem Vollmilchjoghurt, der Crème fraîche, dem Kräutersalz und dem Balsamico-Essig eine Salatsoße zubereiten.
Das Putenfilet in dünne Streifen schneiden und in einer beschichteten Pfanne braten.
Am nächsten Tag die Kresse waschen, ausschütteln und schneiden. Den Salat mit dem Gemüse, den Avocadostückchen und der Kresse mischen. Die Salatsoße dazugeben und alles miteinander vermischen. Auf einem großen Teller anrichten und mit den Putenstreifen belegen.

Gemüsesalat

400 g Gemüsemischung, tiefgefroren, z. B. Brokkoli,
Blumenkohl, Möhren, Erbsen, Mais oder
400 g frisches Gemüse
50 ml Wasser
4 Blätter Eichblattsalat
1 hartgekochtes Ei

SALATSOSSE:

1 Becher Vollmilchjoghurt
1 EL Crème fraîche
1 EL gehackte frische oder tiefgefrorene Kräutermischung
1 KL Kräutersalz
1 TL Zitronensaft
einige Spritzer flüssige Pflanzenwürze

Am Vorabend die Salatsoße mit dem Vollmilchjoghurt, der
Crème fraîche, dem Kräutersalz, dem Zitronensaft und der
flüssigen Pflanzenwürze zubereiten.

Das tiefgefrorene Gemüse in 4 EL kochendes Wasser geben
und kurz aufkochen lassen, die Herdplatte abstellen und das
Gemüse ca. 5 Minuten ziehen lassen, anschließend abgießen.

Das frische Gemüse waschen und putzen, klein schneiden und
mit 50 ml Wasser zum Kochen bringen und auf abgestellter
Herdplatte ca. 5 Minuten ziehen lassen, restliches Wasser abgießen.

Die Salatblätter waschen, schleudern.

Das Ei hart kochen.

Am nächsten Tag die 4 Salatblätter auf einen großen Teller
geben. Das Gemüse auf den Salat geben. Die Salatsoße darüber verteilen und mit dem in Scheiben geschnittenen Ei garnieren.

Spargel-Garnelen-Salat

¹/₂ Kopfsalat, 400 g Spargel
100 ml Wasser
150 g = ca. 10 Stk. Garnelen

SALATSOSSE:

1 Becher Vollmilchjoghurt
1 EL Crème fraîche
1 EL gehackte Kräuter, frisch oder tiefgefroren
1 KL Kräutersalz
1 kleine Knoblauchzehe
1 Zitrone

Am Vorabend den Spargel waschen, von der Spitze zum Ende hin mit dem Spargelmesser schälen und in ca. 3 cm große Stücke schneiden. Den Spargel mit 100 ml Wasser zum Kochen bringen und dann auf kleiner Herdstufe ca. 15–20 Minuten garen lassen.

Die Knoblauchzehe schälen und in der Mitte teilen, damit die Salatschüssel ausreiben.

Die Zitrone in der Mitte teilen, eine Scheibe abschneiden und auf die Seite legen. Die restliche Zitrone auspressen.

Den Kopfsalat waschen, putzen, schleudern und in der »Knoblauch«-Salatschüssel verschlossen in den Kühlschrank stellen.

Aus dem Vollmilchjoghurt, der Crème fraîche, dem Kräutersalz, den Kräutern und einem KL Zitronensaft die Salatsoße zubereiten. Diese Salatsoße am nächsten Morgen über die Spargelstücke geben und alles miteinander vermischen.

Die Garnelen mit Zitronensaft beträufeln.

Am Mittag den Kopfsalat auf einem großen Teller anrichten. Den Spargelsalat darüber verteilen und mit den Garnelen belegen. Die Zitronenscheibe bis zur Mitte einmal durchschneiden, diese zur Spirale drehen und damit den Salat garnieren.

Warme Eiweißmahlzeiten

Jägerschnitzel im Pilztopf

Salatvorschlag: Waldorfsalat (s. S. 159)

100 g Putenschnitzel
1 EL Kokosflocken
Paprikapulver
1 Msp Butterschmalz
1 Zwiebel
1 kleine Knoblauchzehe
1 EL Wasser
200 g Austernpilze
200 g Egerlinge
100 g Pfifferlinge
1 Bund krause Petersilie, frisch oder tiefgekühlt
1 KL granulierte Gemüsebrühe
1 KL Crème fraîche
1 Meßlöffel Biobin
1 Zitronenscheibe

Das Putenschnitzel mit Paprikapulver würzen, in Kokosflocken wenden, dabei das Schnitzel etwas fester in die Kokosflocken pressen. In einer beschichteten Pfanne eine Msp
Butterschmalz erhitzen. Das Schnitzel darin etwa 10 Minuten
von beiden Seiten goldbraun backen lassen.
Die Pilze mit einem Pinsel (Backpinsel) unter fließendem
Wasser säubern und die größeren evtl. zerkleinern. Die Petersilie waschen, schleudern und fein hacken.
Die Zwiebel und die Knoblauchzehe schälen. Die Zwiebel in
feine Würfel schneiden und in einem Topf mit einem EL Wasser glasig dünsten. Die Knoblauchzehe pressen und dazuge-

ben. Die Pilze hinzugeben und mit der granulierten Gemüsebrühe bestreuen und ca. 4–5 Minuten auf kleiner Herdstufe garen lassen. Wasser dazugeben. Mit dem Biobin die Soße binden. Die Crème fraîche dazugeben und zum Schluß mit der Petersilie bestreuen.

$^2/_3$ des Pilztopfes auf einen vorgewärmten Teller geben. Das Schnitzel dazugeben und mit den restlichen Pilzen garnieren. Eine Zitronenscheibe bis zur Mitte durchschneiden und als Spirale auf das Fleisch geben.

Kassler und Rosenkohl

Salatvorschlag: Radicchio-Salat mit Trauben
(s. S. 160)

100 g Kassler
1 Msp Butterschmalz
300–400 g Rosenkohl
5 EL Wasser
1 TL Butter
1 KL granulierte Gemüsebrühe
1 TL Biobin

Den Rosenkohl waschen und putzen. Mit dem Wasser und der granulierten Gemüsebrühe zum Kochen bringen und auf der kleinsten Herdstufe ca. 15 Minuten garen lassen. (Das Gemüse sollte noch Biß haben, nicht verkocht sein.)
In der Zwischenzeit in einer beschichteten Pfanne das Butterschmalz erhitzen und das Kasslerstück von beiden Seiten jeweils ca. 4 Minuten braten lassen.
Das Gemüse aus dem Topf herausnehmen. Die Butter dazugeben und mit dem TL Biobin binden. Das Gemüse auf einem vorgewärmten Teller anrichten und das Kassler dazugeben.

Frikadelle mit Schafskäse und Paprikagemüse

*Salatvorschlag: **Chicorée-Mandarinen-Salat*** (s. S. 161)

100 g Hackfleisch
1 Msp Butterschmalz
1 EL kerniger Frischkäse
100 g Schafskäse
2 schwarze entsteinte Oliven
1 TL Paprikapulver
300–400 g Paprika
1 EL Wasser
1 große Zwiebel
1 Knoblauchzehe
1 TL granulierte Gemüsebrühe
1 KL Kräuter der Provence

Die Oliven entsteinen und sehr klein hacken. Mit dem körnigen Frischkäse, dem Paprikapulver, einem KL Kräuter der Provence und dem Hackfleisch gut vermischen. In einer beschichteten Pfanne das Butterschmalz erhitzen und die Frikadelle von beiden Seiten jeweils 8–10 Minuten braten. Nach dem letzten Wenden eine dünne Scheibe Schafskäse, maximal 50 g, auf die Frikadelle legen und abgedeckt zergehen lassen.

In der Zwischenzeit die Paprikaschoten waschen. Einmal durchschneiden, dabei den Strunk und das Kerngehäuse entfernen. Die Paprikahälften in Stücke schneiden. Die Zwiebel und die Knoblauchzehe schälen, die Zwiebel klein hacken, die Knoblauchzehe pressen und mit 1 EL Wasser und den Zwiebelwürfeln dünsten lassen. Den zerkleinerten Paprika hinzugeben, mit den 2 KL Kräuter der Provence, mit der granulierten Gemüsebrühe bestreuen und ca. 3–4 Minuten bei halber Herdstufe garen lassen. Anschließend das Gemüse mit dem restlichen, in der Zwischenzeit zerkleinertem Schafskäse bestreuen und abgedeckt auf ausgeschalteter Herdplatte noch ca. 2–3 Minuten ziehen lassen.

Das Gemüse mit der Frikadelle auf einem angewärmten Teller anrichten.

Lammkotelett mit Speckbohnen

Salatvorschlag: Römischer Salat mit gedünsteten Champignons (s. S. 160)

1 Lammkotelett
1 Scheibe mageres Dörrfleisch (ca. 15 g)
300–400 g Prinzeßbohnen
100 ml Wasser
1 kleine Zwiebel
1 KL granulierte Gemüsebrühe
1 TL Paprikapulver
1 Stengel Bohnenkraut
1 Zweig Majoran

Die Bohnen waschen, putzen und mit dem Wasser, der granulierten Gemüsebrühe und dem Bohnenkraut zum Kochen bringen. Die Herdplatte auf mittlere Leistung zurückstellen und die Bohnen völlig garen lassen (ca. 25–30 Minuten).

Grüne Bohnen müssen immer völlig gegart sein, sonst kann es zur Unverträglichkeit kommen.

Das Lammkotelett in einer Pfanne von beiden Seiten jeweils ungefähr 8–10 Minuten braten und mit Majoran und Paprikapulver bestreuen.

Gleichzeitig in einer anderen beschichteten Pfanne auf mittlerer Herdstufe die Dörrfleischscheibe ausbraten lassen.

Auf einem vorgewärmten Teller die gegarten Bohnen anrichten, und mit der Dörrfleischscheibe belegen. Das Lammkotelett dazugeben.

Bratwurstschnecke mit Apfelrotkohl

Salatvorschlag: Spinatsalat (s. S. 162)

1 Kalbsbratwurst
1 Msp Butterschmalz
300–400 g Rotkohl
1 Apfel, z. B. Boskop
3 EL Wasser
1 TL granulierte Gemüsebrühe
1 EL Essig
1 KL saure Sahne

Die Kalbsbratwurst zur Schnecke drehen und mit einem Zahnstocher fixieren oder schon als Bratwurstschnecke fertig kaufen.

Das Gemüse putzen, waschen und mit dem fein geriebenen Apfel, der granulierten Gemüsebrühe, dem Essig und dem Wasser zum Kochen bringen. Die Herdstufe auf halbe Leistung zurückdrehen und ca. 15 Minuten garen lassen. Anschließend die saure Sahne dazugeben und auf abgestellter Herdplatte das Gemüse noch ca. 2–3 Minuten ziehen lassen.

Die Bratwurst mehrfach mit einer Gabel einstechen. In einer beschichteten Pfanne das Butterschmalz erhitzen und die Bratwurst von beiden Seiten kurz anbraten. Die Herdplatte auf halbe Leistung zurückdrehen und nochmals von beiden Seiten braten (jeweils ca. 8–10 Minuten).

Zanderfilet mit Sahne-Sauerkraut

Salatvorschlag: Paprikasalat (s. S. 162)

150 g Zanderfilet
1 Msp Butterschmalz
2 Prisen Vollmeersalz
$^1/_2$ Zitrone
400 g Sauerkraut
1 Zwiebel
1 Lorbeerblatt
2 Wacholderbeeren
3 EL Wasser oder Rieslingwein
2 KL süße Sahne
1 KL granulierte Gemüsebrühe

Die Zwiebel schälen und feinhacken. Mit dem Wasser bzw. dem trockenen Riesling glasig dünsten. Das Sauerkraut hinzutun, ebenso das Lorbeerblatt, die Wacholderbeeren und die granulierte Gemüsebrühe. Auf mittlerer bis kleiner Herdstufe ca. 20 Minuten dünsten lassen. Die süße Sahne hinzugeben und nochmals ca. 15 Minuten köcheln lassen.
Das Lorbeerblatt und die Wacholderbeeren entfernen.
Von der halben Zitrone eine Scheibe abschneiden und zur Seite legen. Die restliche Zitrone ausfressen und damit das Zanderfilet von beiden Seiten beträufeln und leicht salzen.
In einer beschichteten Pfanne das Butterschmalz erhitzen und das Fischfilet von beiden Seiten in jeweils 8–10 Minuten goldbraun braten.
Das Sauerkraut auf einem vorgewärmten Teller anrichten und das gebackene Fischfilet in die Mitte geben. Die Zitronenscheibe bis zur Mitte einschneiden und als Zitronenspirale damit den Fisch garnieren.

Asiatische Fischpfanne

Salatvorschlag: Frisiée-Salat mit Radieschen
(s. S. 163)

1 Packung tiefgefrorenes asiatisches Gemüse (300 g)
1 Zwiebel
100 g Fischfilet, z. B. Kabeljau
50 g Krabben
1 EL Wasser
1 KL Currypulver
1 KL granulierte Gemüsebrühe
1 KL saure Sahne

Am Morgen die Gemüsepackung zum Auftauen aus dem Tiefkühler herausnehmen.
Die Zwiebel schälen, in Würfel schneiden und in einer beschichteten Pfanne mit 1 EL Wasser glasig dünsten. Das Fischfilet in Stücke teilen und mit den Krabben zu den Zwiebeln geben und alles braten lassen. Das Gemüse mit dem Currypulver, der granulierten Gemüsebrühe hinzutun und abgedeckt bei mittlerer Hitze 3–4 Minuten dünsten lassen. Die Herdplatte abstellen, und die saure Sahne dazugeben. Alles nochmals ca. 2 Minuten auf dem Herd ziehen lassen.

Gegrillte Kräuterforelle
mit Chinakohl

Salatvorschlag: Eisbergsalat mit Gorgonzolasoße
(s. S. 164)

1 kleine Forelle
1 Bund gemischte Kräuter
$^1/_2$ Zitrone
1 Prise Vollmeersalz
1 kleiner Chinakohl, ca. 400 g
2 EL Wasser
1 KL granulierte Gemüsebrühe
1 TL Kräuterbutter

Die Kräuter waschen, schleudern und kleinhacken. Von der halben Zitrone eine Scheibe abschneiden und zur Seite legen. Die restliche Zitrone auspressen. Die Forelle damit innen beträufeln, leicht salzen und mit den gehackten Kräutern füllen. Mit einem Zahnstocher schließen. Die Forelle von beiden Seiten grillen.

Den Chinakohl putzen, waschen und in sehr feine Ringe schneiden. Das Gemüse in einen Topf geben, mit der granulierten Gemüsebrühe bestreuen, Kräuterbutter und einen EL Wasser dazugeben. Das Gemüse kurz zum Kochen bringen, die Herdplatte dann sofort auf niedrigste Stufe stellen und ca. 5–8 Minuten dünsten lassen.

Das Gemüse mit der gegrillten Forelle auf einem Teller anrichten und mit der Zitronenscheibe und etwas Petersilie garnieren.

Lachskotelett mit Blattspinat

Salatvorschlag: Kopfsalat mit Avocado (s. S. 164)

1 Lachskotelett
¹/₂ Zitrone
1 Scheibe Kräuterbutter
1 Paket Blattspinat, tiefgefroren, oder 400 g frischen
1 Knoblauchzehe
1 Zwiebel
1 KL natives Olivenöl
1 KL granulierte Gemüsebrühe
1 TL saure Sahne

Den frischen Spinat waschen, putzen. Die Zwiebel und die Knoblauchzehe schälen. Die Zwiebel klein hacken. Das Olivenöl in einer größeren Pfanne mit Deckel erwärmen, die Zwiebelwürfel und die durchgepreßte Knoblauchzehe darin andünsten. Den frisch gewaschenen oder aufgetauten Spinat dazugeben. Mit der granulierten Gemüsebrühe den Spinat bestreuen, die saure Sahne dazugeben und abgedeckt ca. 10–15 Minuten dünsten lassen.

Von der halben Zitrone eine Scheibe abschneiden und zur Seite legen. Das Lachskotelett mit Zitronensaft von beiden Seiten beträufeln und anschließend beidseitig grillen.

Den Spinat auf einem vorgewärmten Teller anrichten. Die Zitronenscheibe und das Stück Kräuterbutter daraufsetzen.

Kabeljaufilet mit Mangold

Salatvorschlag: Batavia-Salat (s. S. 165)

150 g Kabeljaufilet
400 g Mangold
¹/₂ Zitrone
1 Zwiebel
1 Bund gemischte Kräuter, frisch oder tiefgefroren
1 EL Vollmilchjoghurt
2 KL Kräuter-Crème-fraîche
1 KL granulierte Gemüsebrühe

Den Mangold waschen, putzen und klein schneiden. Die Zwiebel schälen und in Würfel schneiden. Die Zwiebeln in einem Topf mit 1 EL Wasser glasig dünsten, das Gemüse mit der granulierten Gemüsebrühe dazugeben und abgedeckt ca. 10–15 Minuten dünsten lassen. Einen KL Kräuter-Crème-fraîche dazugeben und auf abgestellter Herdplatte nochmals 4 Minuten ziehen lassen.

Eine Auflaufform mit einem Fettpinsel einfetten. Das Kabeljaufilet mit einem Teil des Zitronensaftes beträufeln und in die Auflaufform geben.

Den Backofen auf 200 Grad vorheizen.

Die Kräuter waschen, schleudern und klein hacken. Mit dem Vollmilchjoghurt, dem zweiten KL der Kräuter-Crème-fraîche und dem restlichen Zitronensaft mischen. Diese Crème über dem Kabeljaufilet verstreichen.

Die Auflaufform in den vorgeheizten Backofen geben und bei 200 Grad ca. 20 Minuten backen lassen.

Das Mangoldgemüse auf einem vorgewärmten Teller anrichten und das gebackene Kabeljaufilet dazugeben.

Rahmspinat mit Speck und Ei

Salatvorschlag: Lollo-Rosso-Salat mit Pistazien
(s. S. 165)

300 g pürierter Spinat, tiefgefroren
1 Zwiebel
1 KL granulierte Gemüsebrühe
1 KL Crème fraîche
1 dünne Scheibe mageren Schinkenspeck
1 Ei

Den tiefgefrorenen Spinat am Morgen aus der Packung nehmen und auftauen lassen.

Die Zwiebel schälen und sehr klein hacken. Mit dem Auftauwasser des Spinats die Zwiebeln glasig dünsten. Den aufgetauten Spinat dazugeben, mit der granulierten Gemüsebrühe würzen. Alles erhitzen, den KL Crème fraîche dazugeben und abgedeckt noch ca. 5 Minuten bei ausgestellter Herdplatte ziehen lassen.

In der Zwischenzeit die Scheibe Schinkenspeck in kleine Stücke schneiden und in einer beschichteten Pfanne braten. Das Ei als Spiegelei dazugeben und backen.

Den Spinat auf einem vorgewärmten Teller anrichten und das Spiegelei mit dem Speck daraufsetzen.

Omelett mit Gemüsefüllung

*Salatvorschlag: **Eichblattsalat mit Zucchini*** (s. S. 166)

2 Eier
1 EL Milch oder 1 EL Wasser und 1 TL süße Sahne
1 Prise Vollmeersalz
1 Msp Butterschmalz
1 Zwiebel
1 KL Wasser
1 Tomate
200 g Egerlinge
1 Bund gemischte Kräuter, frisch oder tiefgefroren
1 KL granulierte Gemüsebrühe

Zuerst das Gemüse zubereiten: Die Tomate, die Pilze und die Kräuter waschen. Die Pilze in Scheiben und die Tomate in Achtelstücke schneiden. Die Kräuter waschen, schleudern und klein hacken. Die Zwiebel schälen und in dünne Scheiben schneiden. In einer beschichteten Pfanne die Zwiebeln mit einem KL Wasser dünsten. Die Pilzscheiben mit den Kräutern und der granulierten Gemüsebrühe dazugeben. Ca. 4–5 Minuten dünsten lassen. Die Tomatenstücke dazugeben und auf abgestellter Herdplatte abgedeckt ziehen lassen.

Das Eigelb vom Eiweiß trennen und das Eiweiß zu Schnee steif schlagen. Das Eigelb zum Sahne-Wasser-Gemisch und der Prise Vollmeersalz dazugeben und miteinander verquirlen.

Das Eiweiß vorsichtig unterheben.

Eine beschichtete Pfanne mit dem Butterschmalz erhitzen und das Omelett von beiden Seiten jeweils ca. 2–3 Minuten backen lassen. Auf einen Teller geben. Eine Hälfte des Omeletts mit dem Gemüse füllen, die andere darüberdecken.

Gebackener Camembert mit Salat

1 kleiner Camembert (100 g)
1 Sträußchen krause Petersilie
1 EL Kokosflocken
1 Msp Butterschmalz
¹/₂ Kopfsalat
1 kleiner Chicorée
2 Champignons
5 Cocktailtomaten
1 kleine Knoblauchzehe

SALATSOSSE:

1 KL Olivenöl
2 EL Wasser
1 TL Balsamico-Essig
1 KL Kräutersalz
einige Spritzer flüssige Pflanzenwürze

Aus Öl, Wasser, dem Balsamico-Essig, Kräutersalz und der flüssigen Pflanzenwürze eine Salatsoße zubereiten.

Den Kopfsalat, den Chicorée und die Petersilie waschen, putzen und schleudern. Die Champignons und die Cocktailtomaten unter fließendem Wasser waschen und in feine Scheiben schneiden.

Die Msp Butterschmalz in einer beschichteten Pfanne erhitzen. Den Camembert mit nassen Händen anfeuchten, in den Kokosflocken panieren und bei mittlerer Hitze in der vorbereiteten Pfanne jeweils ca. 3 Minuten von beiden Seiten backen. Zum Schluß die krause Petersilie in der Pfanne anrösten.

Den Salat und den Chicorée, das kleingeschnittene Gemüse und die Salatsoße mischen. Den angemachten Salat auf einem großen Teller anrichten. In die Mitte den gebackenen Camembert setzen und mit der gerösteten Petersilie garnieren.

Zwischenmahlzeiten

Neutraler Imbiß:

- rohes Gemüse
- Vollmilchjoghurt
- Vollmilchjoghurt mit frischen Heidelbeeren
- Frische Heidelbeeren
- 4–5 Nüsse, nicht gesalzen, nicht geröstet

Eiweiß-Imbiß:

- Jedes Obst, außer Bananen, Datteln und Feigen
- Vollmilchjoghurt
- Vollmilchjoghurt mit frischem Obst, außer Bananen, Datteln und Feigen
- Rohes Gemüse
- 4–5 Nüsse, nicht gesalzen, nicht geröstet

Kohlenhydrat-Imbiß:

- 2 Scheiben Vollkornreiswaffeln
- 1 Müsli- oder Saaten-Riegel ohne Zucker
- 1–2 Vollkornkekse oder -gebäck, jedoch ohne Zucker und Ei
- 1 Banane
- 1–2 Datteln
- 1–2 Feigen
- Heidelbeeren
- Vollmilchjoghurt
- Vollmilchjoghurt mit Bananen, Datteln, Feigen und Heidelbeeren
- 4–5 Nüsse, nicht gesalzen, nicht geröstet

Zusammenfassung

Mit diesem Buch gebe ich Ihnen Material in die Hand, mit dem Sie als »Keine-Zeit-Mensch« sich relativ einfach gesund und schmackhaft ernähren können. Gleichzeitig werden Sie ein Plus an Energie und Lebensfreude verbuchen können.

Die Entscheidung liegt nun ganz allein bei Ihnen, ob Sie sich den Luxus Zeit gönnen, um etwas für sich und Ihr Wohlbefinden zu tun, bevor es dazu zu spät ist und Ihr Körper sich für die schlechte Behandlung mit Unwohlsein oder gar Erkrankungen rächt. Bedenken Sie, wieviel Ihnen dann von Ihrer kostbaren Lebenszeit durch Unwohlsein oder Krankheiten verlorengeht. Mal ehrlich, wie oft hängen Sie müde und lustlos auf dem Sessel oder vor dem Fernseher herum? Sie müßten etwas tun. Es geht nicht, Sie fühlen sich zu erschöpft.

Glauben Sie immer noch, keine Zeit für sich selbst zu haben? Wenn Ihnen der sofortige 100%ige Einstieg in die Trennkost zu schwerfällt, dann beginnen Sie doch einfach mit der schrittweisen Umstellung Ihrer Ernährung.

Ein Anfang könnte sein, daß Sie sich vornehmen, in der ersten Woche mit der groben Trennung der Kohlenhydrate und Eiweiße innerhalb einer Mahlzeit zu beginnen.

Das heißt, wenn Sie **Fisch, Fleisch, Wurst, Eier** essen, lassen Sie Kohlenhydrate in Form von *Brot, Kartoffeln, Nudeln, Reis* weg.

Essen Sie **Brot, Kartoffeln, Nudeln und Reis,** verzichten Sie auf *Fisch, Fleisch, Wurst* und *Eier.*

Zu jeder warmen Mahlzeit essen Sie einen Salat vorweg und Gemüse dazu.

In der zweiten Woche beginnen Sie damit, verstärkt Obst, Gemüse und Salat zu essen. Da Ihre tägliche Ernährung aus

70 bis 80 % Obst, Gemüse und Salat bestehen sollte, können Sie von der Menge her nichts falsch machen.

Beim Obst müssen Sie lediglich berücksichtigen, daß Sie alles Obst essen dürfen, nur Bananen, Datteln und Feigen sollten Sie nicht mit anderem Obst zusammen essen.

In der dritten Woche wählen Sie bei Brot, Nudeln und Reis vollwertige Produkte.

In der vierten Woche beginnen Sie damit, Ihre Ernährung ganz auf Trennkost umzustellen.

So wichtig eine gesunde Ernährung ist, bleiben Sie locker. Werden Sie nicht fanatisch. Bedenken Sie, daß die Ernährung nur ein Teil einer gesunden Lebensführung ist. Ein weiterer Teil besteht in körperlicher Betätigung. Treiben Sie Sport. Wenn Sie beim Leistungssport Freude empfinden, bitte sehr. Berücksichtigen Sie jedoch, daß auch hier gilt: lieber mäßig, aber regelmäßig. Wer nicht zu den Leistungssportlern zählt, regelmäßiges Schwimmen, Wandern oder Tanzen ist genauso effektiv.

Ein anderer Punkt einer gesunden Lebensführung besteht darin, für Entspannung zu sorgen. Lernen Sie mit den Belastungen des Alltags umzugehen. Damit Sie nicht, wie so viele, abwechselnd zu Beruhigungs- und Aufputschmitteln greifen, erlernen Sie eine Entspannungsart. An allen Volkshochschulen und bei vielen Ärzten wird heute eine Vielzahl von Entspannungstechniken angeboten.

Probieren Sie aus, welche Entspannungsart Ihren Bedürfnissen am meisten entspricht. Sicherlich ist auch eine für Sie geeignete Art dabei.

Bei allem sollten wir den Menschen als Ganzes sehen.

Nur in dem Zusammenspiel einer gesunden Ernährung, der körperlichen Betätigung, der Entspannung und einer positiven Lebenseinstellung können wir Lebensfreude empfinden und uns selbst und unser Dasein von ganzem Herzen bejahen.

Daß Sie dieses Ziel erreichen, das wünsche ich Ihnen von ganzem Herzen!

Erläuterungen

Agar-Agar	pflanzliches Bindemittel, nur für die Heißanwendung
Auberginen	müssen immer völlig gegart sein
Batate	Süßkartoffel
Biobin	pflanzliches Bindemittel für Kalt- und Warmanwendung (Johannisbrotkernmehl)
Bohnen grün	müssen immer völlig gegart werden
Brot	Vollkornbrot, Schnitzerbrot, Vollkorntoast, Vollkorn-Knäckebrot
Brottrunk	Säuerungsmittel für Salate, geöffnet nur eine Woche im Kühlschrank haltbar, deshalb portionsweise (z. B. 100 ml) einfrieren
Butterschmalz	zum Braten und Einfetten, z. B. Backformen
Cornflakes	ohne Zucker
Crème fraîche	teelöffelweise auf Alufolie einfrieren, kann einzeln entnommen werden
essentielle Inhaltstoffe	müssen wir mit der Ernährung aufnehmen, z. B. Vitamine, Mineralien u. a.
Fertiggerichte	nur selbsthergestellte Trennkostgerichte
Fettpinsel	mit Kokosfett oder Butterschmalz getränkter Pinsel zum Einfetten von Pfannen
flüssige Pflanzen-würze	auf rein pflanzlicher Basis
Frischkost	Rohkost, Salat
Gemüse	frisch und Tiefkühlkost
Gemüsebürste	zum Säubern von Gemüse unter fließendem Wasser
Getreide	kann gemahlen, geschrotet oder gequetscht (Haferflocken) verwendet werden
granulierte Gemüsebrühe	rein pflanzliches Würzmittel, läßt sich gut dosieren
Honig	naturbelassen, nicht wärmebehandelt
Kartoffeln	immer gar kochen
Knoblauch	muß nicht verwendet werden, wenn, dann entweder damit die Schüssel ausreiben oder gepreßt verwenden

Kosten	nicht höher als sonst übliche Ernährungsweise, da Kosten für Schleckereien entfallen
Kräuter	frisch, tiefgefroren oder getrocknet
Kräutersalz	auf Vollmeersalzbasis
Leinsamen	Goldleinsamen hat mehr Inhaltsstoffe als der braune Leinsamen
Molke-Kwass	Säuerungsmittel für Salate
Molkosan	Säuerungsmittel für Salate
Müsli	nur »Trennkostmüsli«, kein Fertigmüsli
Müsli-Riegel	ohne Zuckerzusatz
Nudeln	Vollkornnudeln *ohne Ei*
Öl	unraffiniertes aus 1. Pressung
Olivenöl	natives Olivenöl
Quark	Magerquark, max. 20 % Fett
Reis	vollwertig: Natur-, Wild-, roter Camargue-Reis
Säuerungsmittel, für Salate	Brottrunk, Molkosan, Molke-Kwass: entscheiden Sie sich für ein Mittel, jeweils 1 TL je Portion Zitronensaft, Kräuteressig, Balsamico-Essig
Säuerungsmittel für Kohlenhydratmahlzeit	*kein* Zitronensaft, *kein* Essig
Sahne, sauer	auf Alufolie teelöffelweise einfrieren, kann einzeln entnommen werden
Sahne, süß	steif schlagen und als Tupfer einzeln auf Alufolie einfrieren, kann einzeln entnommen werden
Salat	Roh- oder Frischkost
Salatschleuder	entwässert den gewaschenen Salat – er schmeckt dadurch länger frisch und schmeckt angemacht intensiver
Salz	Vollmeersalz, da jodhaltig (Jodmangel)
Schnitzerbrot	Vollkornbrot
Tofu	eiweißhaltiger Sojabohnen-Quark
Tomaten	grünen Strunk entfernen
Vegetarier	lassen Fleisch, Wurst und Fisch weg
Topinambur	Sonnenblumengewächs, eine kartoffelähnliche Frucht – wie Gemüse verarbeiten
Vollkornbrot	kann grob geschrotet, grob gemahlen oder fein gemahlen sein
Zwiebel	muß nicht verwendet werden, kann

Rezeptverzeichnis nach Sachgruppen

Obstteller und Müslis

Aprikosen-Cornflakes-Müsli 111
Beerenmüsli 107
Birnen-Haferflocken-Müsli 111
Birnenmüsli 102
Dattel-Dreikorn-Müsli 110
Dinkel-Heidelbeer-Müsli 109
Exotischer Früchteller 100
Feigen-Gersten-Müsli 110
Frischkäse-Beeren-Müsli 105
Himbeermüsli 105
Kakimüsli 108
Klassiker-Müsli 102
Melonenmüsli 104
Nektarinen-Buttermilch-Müsli 106
Obst-Misch-Müsli 112
Obstteller für Eilige 99
Obstteller für Genießer mit frischem Obst 100
Pfirsich-Ricotta-Müsli 104
Pflaumen-Hafer-Müsli 112
Pflaumenmüsli 103
Traubenmüsli 106
Weizen-Bananen-Müsli 109

Brote und Brötchen

Bananenbrot 114
Blutwurstschnitte 118
Bündnerfleischbrot 117
Dänisches Käsebrot 116
Doppelrahm-Brötchen 116
Honig- und Käsebrötchen 113
Käseknäckebrot 115
Käsetoast 115
Kressebrot 116
Kürbiskernbrot 113
Lachsbrötchen 143
Lachstoast 119
Matjesfiletbrot 119
Mozzarella-Tomaten-Baguette-brötchen 120
Putenlachsbrot 118
Radieschenbrot 120
Salamibrot 117
Schinkenbrot 117

Speckbrot 118
Vollkornbrot mit Kräuterquark 114
Ziegenfrischkäse-Brötchen 115

Salatsoßen

Buttermilchsoße 123
Gorgonzolasoße 164
Öl-Salatsoße 124
Salatsoße zum Bunten Kartoffel-salat 138
Salatsoße zum Bunten Reissalat 142
Salatsoße zum Chinakohl-Möhren-Salat 143
Salatsoße zum Griechischen Bauernsalat 136
Salatsoße zum Nudelsalat 140

Salate

Batavia-Salat 165
Brokkoli-Salat mit Mandeln 133
Bunter Kartoffelsalat 138
Bunter Reissalat 142
Chicorée-Mandarinen-Salat 161
Chicorée-Salat 127
Chinakohl-Möhren-Salat 143
Chinakohlsalat mit gerösteten Sonnenblumenkernen 132
Eichblattsalat 126
Eichblattsalat mit Zucchini 166
Eisbergsalat mit Gorgonzolasoße 164
Eisbergsalat mit Radieschen 128
Endiviensalat mit Cocktailtomaten 132
Feldsalat mit Croutons 125
Frisée-Salat mit Radieschen 163
Gemüsesalat 170
Gorgonzola-Birnen-Salat 167
Griechischer Bauernsalat 136
Gurken-Rettich-Salat 134
Kopfsalat mit Avocado 164
Kopfsalat mit Möhren 130

Lollo-Rosso-Salat mit Pistazien 165
Löwenzahnsalat mit Speck 126
Nudelsalat 140
Paprika-Gurken-Salat 130
Paprikasalat 162
Putensalat 169
Radicchio-Salat 131
Radiccio-Salat mit Trauben 160
Romano-Salat 129
Römischer Salat mit gedünsteten Champignons 160
Spargel-Garnelen-Salat 171
Spinatsalat 162
Tofusalat 168
Tomatensalat 128
Waldorfsalat 159
Zucchini-Möhren-Salat 134

Warme Gerichte

Asiatische Fischpfanne 178
Avocado-Reis mit Zuckerschoten 158
Bandnudeln Emilia Romagna 150
Bratkartoffeln 146
Bratwurstschnecke mit Apfelrotkohl 176
Folienkartoffel 145
Frikadelle mit Schafskäse und Paprikagemüse 174
Gebackene Spaghetti-Nester 152
Gebackener Camembert mit Salat 184
Gefüllte Aubergine 157
Gefüllte Paprika 155
Gegrillte Kräuterforelle mit Chinakohl 179
Gemüsetortellini mit Paprikasahne 149
Jägerschnitzel im Pilztopf 172
Kabeljaufilet mit Mangold 181
Kartoffel-Kohlrabi-Gratin 146
Kartoffelpuffer mit Lachs 144
Käsespätzle 153
Kassler und Rosenkohl 173

Lachskotelett mit Blattspinat
180
Lammkotelett mit Speckbohnen
175
Nudel-Pilz-Auflauf 151

Omelett mit Gemüsefüllung
183
Rahmspinat mit Speck und Ei
182
Reis-Fisch-Brokkoli-Pfanne 156

Reispfanne chinesisch 154
Überbackene Kartoffelrösti 148
Zanderfilet mit Sahne-Sauerkraut
177

Gesamtregister

Aprikosen-Cornflakes-Müsli
111
Asiatische Fischpfanne 178
Avocado-Reis mit Zuckerschoten
158

Ballaststoffe 71–74
Bananenbrot 114
Bandnudeln Emilia Romagna
150
Batavia-Salat 165
Beerenmüsli 107
Berufstätigkeit 82 ff.
Birnen-Haferflocken-Müsli
111
Birnenmüsli 102
Blutwurstschnitte 118
Bohnenkaffee 45, 68
Bratkartoffeln 146
Bratwurstschnecke mit
Apfelrotkohl 176
Brokkoli-Salat mit Mandeln
133
Brot 51 f.
– und Brötchen 113–120
Bündnerfleischbrot 117
Bunter Kartoffelsalat 138
Bunter Reissalat 142
Butter 64
Buttermilchsoße 123
Butterschmalz 64

Chicorée-Mandarinen-Salat
161
Chicorée-Salat 127
Chinakohl-Möhren-Salat 143
Chinakohlsalat mit gerösteten
Sonnenblumenkernen 132

Dänisches Käsebrot 116
Dattel-Dreikorn-Müsli 110
Diäten 21 ff.

Dinkel-Heidelbeer-Müsli 109
Doppelrahm-Brötchen 116

Eichblattsalat 126
Eichblattsalat mit Zucchini
166
Einladungen 89 ff.
Eisbergsalat mit Gorgonzolasoße
164
Eisbergsalat mit Radieschen
128
Eiweiß 31, 39
Eiweißgruppe 92 f.
Eiweißmahlzeiten, warme
172–184
Eiweißverdauung 33
Endiviensalat mit Cocktailtomaten
132
Essenspausen 43
Exotischer Früchteteller 100

Feigen-Gersten-Müsli 110
Feldsalat mit Croutons 125
Fette 61–65
– pflanzliche 62 f.
– tierische 64 f.
Folienkartoffel 145
Frikadelle mit Schafskäse und
Paprikagemüse 174
Frischkäse-Beeren-Müsli 105
Frischkost 121 f.
Frisée-Salat mit Radieschen
163
Früchtetee 70
Fruchtnektar 69
Fruchtsaftgetränke 69
Frühstück 98–120

Gebackene Spaghetti-Nester
152
Gebackener Camembert mit Salat
184

Gefüllte Aubergine 157
Gefüllte Paprika 155
Gegrillte Kräuterforelle mit
Chinakohl 179
Gemüse 39 f., 47 ff.
Gemüsesäfte 68 f.
Gemüsesalat 170
Gemüsetortellini mit Paprikasahne
149
Geschäftsessen 85 f.
Getränke 43 f., 68–70, 86
– alkoholische 70
Getreide 49 ff.
Gorgonzola-Birnen-Salat 167
Gorgonzolasoße 164
Griechischer Bauernsalat 136
Gurken-Rettich-Salat 134

Himbeermüsli 105
Honig 59 f.
Honig- und Käsebrötchen 113

Jägerschnitzel im Pilztopf 172

Kabeljaufilet mit Mangold 181
Kakimüsli 108
Kantinenessen 82 f.
Kartoffel-Kohlrabi-Gratin 146
Kartoffelpuffer mit Lachs 144
Käseknäckebrot 115
Käsespätzle 153
Käsetoast 115
Kassler und Rosenkohl 173
Klassiker-Müsli 102
Kohlenhydrate 31, 39
Kohlenhydratgericht, warme
144–158
Kohlenhydratgruppe 92 f.
Kohlenhydratverdauung 33 f.
Kokosfett 63
Kopfsalat mit Avocado 164
Kopfsalat mit Möhren 130

Körpergewicht 18 ff.
Kräutertee 70
Kressebrot 116
Kürbiskernbrot 113

Lachsbrötchen 143
Lachskotelett mit Blattspinat
180
Lachstoast 119
Lammkotelett mit Speckbohnen
175
Limonaden 69
– koffeinhaltige 68
Lollo-Rosso-Salat mit Pistazien
165
Löwenzahnsalat mit Speck
126

Mahlzeiten 45 f., 94–97
Margarine 63
Matjesfiletbrot 119
Melonenmüsli 104
Milch, Milchprodukte 66 f.
Mineralwasser 70
Mozzarella-Tomaten-Baguette-
brötchen 120
Müsli 102–112

Nahrungsmittel 31 f., 47–53,
92 f.
– unnatürliche 30 f.
Nektarinen-Buttermilch-Müsli
106
Nudel-Pilz-Auflauf 151
Nudelsalat 140

Obst 39 f., 47 ff., 99–101
Obst-Misch-Müsli 112
Obstteller für Eilige 99
Obstteller für Genießer mit
frischem Obst 100

Öl 62 f.
Öl-Salatsoße 124
Omelett mit Gemüsefüllung 183
Ostsäfte 68 f.

Paprika-Gurken-Salat 130
Paprikasalat 162
Pfirsich-Ricotta-Müsli 104
Pflaumen-Hafer-Müsli 112
Pflaumenmüsli 103
Portionsgrößen 42
Putenlachsbrot 118
Putensalat 169

Radicchio-Salat 131
Radiccio-Salat mit Trauben 160
Radieschenbrot 120
Rahmspinat mit Speck und Ei
182
Reis 53
Reis-Fisch-Brokkoli-Pfanne 156
Reisen 86 ff.
Reispfanne chinesisch 154
Restaurantessen 85 f.
Romano-Salat 129
Römischer Salat mit gedünsteten
Champignons 160

Salamibrot 117
Salat 39 f., 47 ff., 121 f.
– zur Eiweißmahlzeit 159–166
– zum Mitnehmen 167–171
– zur Kohlenhydratmahlzeit
125–134
– zum Mitnehmen 135–143
Salatsoßen 123 f., 136, 138,
140, 142 f.
Salatsoße zum Bunten Kartoffelsalat 138
Salatsoße zum Bunten Reissalat
142

Salatsoße zum Chinakohl-
Möhren-Salat 143
Salatsoße zum Griechischen
Bauernsalat 136
Salatsoße zum Nudelsalat
140
Säure-Basen-Haushalt 36 f.
Schinkenbrot 117
Schwarztee 45, 68
Selbstversorgung 83 f.
Spargel-Garnelen-Salat 171
Speckbrot 118
Spinatsalat 162
Süßstoff 58 f.
Süßungsmittel 53–60

Tofusalat 168
Tomatensalat 128
Traubenmüsli 106
Trenntabelle 92

Überbackene Kartoffelrösti
148

Verdauung 32
Vollkornbrot mit Kräuterquark
114
Vollkornnudeln 52
Vollwertnahrung 40 f.

Waldorfsalat 159
Weizen-Bananen-Müsli
109

Zanderfilet mit Sahne-
Sauerkraut 177
Ziegenfrischkäse-Brötchen
115
Zucchini-Möhren-Salat 134
Zucker 53–58
Zwischenmahlzeiten 185

Trenntabelle zum Herausnehmen ▶